Wolfgang Kubak

FOTOS digital
mit Canon EOS 300D

Wolfgang Kubak

FOTOS
digital

mit Canon
EOS 300D

Bibliografische Information Der Deutschen Bibliothek:
Die Deutsche Bibliothek verzeichnet diese Publikation in der
Deutschen Nationalbibliografie; detaillierte bibliografische Daten
sind im Internet über http://dnb.ddb.de abrufbar.

Die Herkunft der Abbidlungen ist in den Bildtexten vermerkt. Verlag und Autoren danken den Firmen Canon und Hama für die Überlassung von Bildmaterial.

Alle nicht gekennzeichneten Abbildungen stammen von dem Autor Wolfgang Kubak.

Bilder auf der Titelseite:
Wolfgang Kubak, Canon

Autoren und Verlag haben sich bemüht, die Sachverhalte und Gerätefunktionen korrekt wiederzugeben und zu interpretieren. Trotzdem können bei aller Sorgfalt Fehler nicht völlig ausgeschlossen werden. Wir sind unseren Lesern deshalb stets dankbar für konstruktive Hinweise. Eine Haftung der Autoren bzw. des Verlages für Personen-, Sach- und Vermögensschäden ist ausgschlossen.

Warennamen werden ohne Gewährleistung der freien Verwendbarkeit benutzt.

1. Auflage

Copyright © 2004 by vfv Verlag für Foto, Film und Video
D-82205 Gilching
www.vfv-verlag.de

Printed in EU

ISBN 3-88955-147-5

Inhaltsverzeichnis

Vorwort

Die Aufregung um die digitale Fotografie hat sich lange gelegt. Digitalkameras gehören inzwischen zu unserem Alltag. Sie sind preislich erschwinglich geworden und haben auch in punkto Bildqualität gewaltig zugelegt. Viele ambitionierte Fotografen spielen deshalb schon lange mit dem Gedanken, eine Digitalkamera anzuschaffen. Wer möchte schließlich nicht auch endlich ohne Film fotografieren, seine Aufnahmen sofort im Computer ansehen oder gleich zum Mitnehmen ausdrucken.

Engagierte Fotografen und Einsteiger in die Spiegelreflexfotografie standen dabei aber bis vor kurzem immer vor einem großen Problem: Digitale Spiegelreflexkameras für Wechselobjektive waren einfach nicht zu bezahlen. Und die erschwinglichen digitalen Sucherkameras sind für einen ambitionierten Fotofreund, der kreativ arbeiten, unterschiedliche Objektive nutzen, ein externes Blitzlicht verwenden oder mit Filtern experimentieren möchte, keine ernsthafte Ergänzung seiner Fotoausrüstung. So war der Einstieg in die digitale Spiegelreflexfotografie bis vor kurzem den Berufsfotografen vorbehalten, die in diese Technik erhebliche Summen investieren mussten.

Mit der Canon EOS 300D ist nun der erste Vertreter einer digitalen Kamerageneration auf dem Markt, die alle Vorzüge des universellen Spiegelreflex-Prinzips mit denen der digitalen Sofortbildtechnik verbindet und die gleichzeitig einen finanziell erschwinglichen Einstieg in die digitale Spiegelreflexfotografie ermöglicht.

Ein gutes Foto braucht nach wie vor aber mehr als eine moderne, mit allen technischen Raffinessen ausgestattete Kamera.

Dieses Buch möchte Ihnen deshalb die ersten Schritte auf dem Weg zu tollen Fotos mit der Canon EOS 300D erleichtern. Sie finden auf den folgenden Seiten deshalb nicht nur verständlich aufbereitete Informationen zur technischen Seite der digitalen Fotografie, sondern auch eine Reihe praktischer Tipps und Hinweise zu Motiven und Aufnahmesituationen, für eine interessante Gestaltung und einen klugen Aufbau Ihrer Fotos. Natürlich erfahren Sie auch, wie Sie ihre digitalen Bilder archivieren und sichern können.

Wir begeben uns mit diesem Buch in einen kleinen Spagat: Schließlich möchten wir Ihnen auf der einen Seite die Arbeitsweise und die fotografischen Möglichkeiten einer Spiegelreflexkamera nahe bringen. Das hat viel mit klassischer Fotografie zu tun. Andererseits gehört zu einem Buch über das Fotografieren mit einer digitalen Spiegelreflexkamera auch, dass wir Ausführungen zu der manchmal nicht ganz einfachen digitalen Technik und zum Umgang mit digitalen Bilddaten machen.

Kurz: Wir möchten Ihnen einige wichtige theoretische Grundlagen und praktische Tipps rund um die digitale Fotografie mit der Canon EOS 300D geben, die Sie kennen sollten, um künftig mehr Spaß beim Fotografieren und beim Präsentieren Ihrer Fotos zu haben.

Wolfgang Kubak

Digitale Welten mit der EOS 300D erobern – Basiswissen

Unschlagbar: Das Spiegelreflex-Prinzip

Auf die Frage, ob es denn unbedingt eine Spiegelreflexkamera sein muss, kennen ambitionierte Fotografen nur eine Antwort: »Ja. Es muss!« Pluspunkte dieses Kameratyps sind Schnelligkeit, eine exakte parallaxefreie Scharfstellung und eine nahezu geniale Vielseitigkeit. Modernste Messtechnik und Autofokus haben dafür gesorgt, dass Spiegelreflexkameras eine dominierende Stellung unter den Kleinbildkameras einnehmen – bei den analogen und natürlich auch bei den digitalen Verwandten. Was nun macht das Spiegelreflex (SLR) – Prinzip (SLR -single lens reflex) so genial, dass es bis heute von zahllosen Hobbyfotografen und natürlich von den Profis favorisiert wird?

Beim SLR-Prinzip wirft ein im Strahlengang der Kamera im Winkel von 45 Grad angeordneter Spiegel das Bild auf eine Mattscheibe. Dadurch ist es möglich, das Motiv direkt auf dieser Mattscheibe zu betrachten und den Bildaufbau oder die Schärfentiefe zu beurteilen – ohne optische Parallaxe, schnell und sicher. Das Konstruktionsprinzip mit dem hochklappenden Spiegel übernahm übrigens das lästige Wechseln der Mattscheibe mit der Filmkassette wie es bei den ganz alten Kameras eigentlich üblich war. So wurden nicht nur alle Sucherprobleme gelöst; der Fotograf sieht sein Motiv auch weiterhin auf einer Mattscheibe: Dank des eingebauten Dachkantprismas hell und seitenrichtig und direkt vor dem Auge.

Der automatische Rückschwingspiegel zeigt sofort nach der Aufnahme das Bild wieder auf der Mattscheibe und damit im Sucher. Das funktioniert bei der Canon EOS 300D genau so wie bei allen anderen SLR-Kameras auch.

Das Canon EF-Bajonett – die Schnittstelle zwischen Kamera und Wechselobjektiven – erlaubt den Einsatz aller Canon-Objektive des EOS-Systems. Dabei kann man auf mehr als 50 Canon EF-Objektive zurückgreifen. Das erschließt dem Fotografen mit der EOS 300D vielfältigste Möglichkeiten. So können an dieser Kamera extreme Weitwinkelobjektiven genauso zum Einsatz kommen wie große Telebrennweiten.

Eine Einschränkung muss bei der Canon EOS 300D allerdings berücksichtigt werden: Da der CMOS-Sensor der Kamera mit

Pro digitale SLR-Kamera

- Übereinstimmung von Sucherbild und späterer Aufnahme durch SLR-Prinzip.
- Schärfentiefe und Bildaufbau auf der Mattscheibe überprüfbar
- seitenrichtige, aufrecht stehende Betrachtung des Motivs durch Dachkantprisma
- optimale Belichtung durch Innenlichtmessung und Kameraelektronik, auch beim Blitzen
- Scharfstellung durch schnelle, exakt arbeitende Autofocussysteme, auch abschaltbar
- als Systemkamera mit allen Canon-EF- (EF-S)-Objektiven vielseitig ausbaubar

einer Größe von 22,7 x 15,1 mm kleiner ist als das herkömmliche Kleinbildformat von 24 x 36 mm, ergibt sich für die digitale Canon EOS 300D ein entsprechender Brennweitenfaktor von 1,6 mit dem die EOS-EF-Objektive multipliziert werden müssen. Das führt bei Teleobjektiven zu längeren Brennweiten, schränkt aber im Weitwinkelbereich den Bildwinkel etwas ein. So hat ein 20-Millimeter-EOS-Objektiv an der 300D die Brennweite eines 32-Millimeter-Objektivs (20 mm x 1,6 = 32 mm). Die Belichtungsmessung erfolgt bei offener Blende direkt durch das Objektiv und wird durch den Kameracomputer gesteuert. Das SLR-Prinzip und die hochwertige Kameraelektronik, insbesondere eine aufwändige 35-Feld-Belichtungsmessung stellen so sicher, dass nur das tatsächliche Licht vom Motiv zur exakten Belichtung herangezogen wird. Der schnelle – für besondere Aufnahmesituationen auch abschaltbare – 7-Feld-Autofokus mit Messfeldindikatoren stellt zügig und präzise scharf, so dass der Fotograf schnell reagieren und sich voll auf das Motiv konzentrieren kann.

Zudem sorgt die von Canon als DIGIC-Bildverarbeitungsprozessor bezeichnete Recheneinheit in Kombination mit der SLR-Technik für eine hohe Geschwindigkeit und eine Bildqualität mit maximaler Auflösung.

Nicht zuletzt deshalb gehört auch die Canon EOS 300D als Autofokus-Spiegelreflexkamera (AF-SLR) zur »Nummer Eins« für engagierte Amateur- und Berufsfotografen.

Digitale und analoge Fotografie: Film oder Chip?

Warum, so möchte man fragen, sollen Film und digitaler Sensor überhaupt miteinander verglichen werden? Und geht das denn überhaupt?

Für die Fotografie gilt eine wichtige Regel: Kamera und Computer sind lediglich Werkzeuge, mit denen ein Fotograf seine Eindrücke festhalten und seine Ideen verwirklichen kann. Wer gute Bilder machen will, braucht das nötige Grundwissen zu Techniken und Gestaltungsmethoden in der Fotografie – egal ob er mit Film oder Chip arbeitet. Wenn wir zunächst die analoge und digitalen Technik miteinander vergleichen, kommen wir zu der beinahe philosophischen Betrachtung der Unterschiede zwischen analoger von der digitaler Fotografie.

Die Frage, wie digital eine digitale Fotografie eigentlich ist, ist schnell beantwortet: Fotografien sind immer analoge Produkte eines Bildaufzeichnungsverfah-

Das SLR-Prinzip in der Canon EOS 300D

In der Canon EOS 300D ist das fotografische Objektiv, das ein Motiv abbildet, gleichzeitig auch das Sucherobjektiv. Es projiziert bis zur unmittelbaren Belichtung das Bild auf eine Mattscheibe in der Kamera. Auf dieser Mattscheibe ist das Bild seitenrichtig, aufrecht stehend zu sehen. Dank der Dreifachbrechung eines über der Mattscheibe befindlichen Dachkantprismas ist das Bild auf der Mattscheibe hell und deutlich.

Realisiert wird das Ganze durch einen schwenkbaren, genau justierten Oberflächenspiegel, der sich zwischen Objektiv und Filmebene befindet und um 45 Grad gegen die optische Achse geneigt angeordnet ist. Der Spiegel lenkt den Lichtstrahl nach dem Gesetz der Reflexion (Einfallswinkel a = Ausfallswinkel à) um 90 Grad nach oben ab. Zum Betrachten des Bildes ist hier eine Mattscheibe angeordnet. Spiegel und Mattscheibe müssen dabei exakt so angebracht sein, dass der Weg des Lichtes vom Objektiv bis zur Mattscheibe genau so lang ist, wie der Weg des Lichtes vom Objektiv zur Oberfläche des CMOS-Chips. Unmittelbar vor der Belichtung klappt der Spiegel aus dem Strahlengang und dunkelt gleichzeitig die Mattscheibe ab. Er verhindert so den Lichteinfall vom Okular. Das Licht kann nun beim Ablauf des Verschlusses auf den CMOS-Sensor treffen und diesen belichten. Nach dem Belichten klappt der Rückkehrspiegel sofort wieder in die Ausgangsstellung zurück und gibt den Blick auf die Mattscheibe frei.

Das Wegklappen des Spiegels und der anschließende Ablauf des Verschlusses erfolgen nacheinander, was zu einer gewissen Verzögerung führt, die man als zeitliche Parallaxe bezeichnet.

1 **Dachkantspiegelprisma:** Die Dreifachbrechung des Lichts im Dachkant- oder Pentaprisma (heute mit drei Spiegeln realisiert) erlaubt es, das Motiv auf der Mattscheibe seitenrichtig, aufrecht stehend und parallaxefrei zu betrachten, wie durch ein Fernglas.

2 **Mattscheibe:** Wie bei einer alten Plattenkamera oder bei einer heutigen Fachkamera zeigt die Mattscheibe nicht nur die eingestellte Schärfe eines Motivs, sondern lässt auch eine optimale Schärfentiefekontrolle und Bildbeurteilung zu. Dies ist für den Fotografen schon deshalb wichtig, weil der vor dem Objektiv befindliche dreidimensionale Raum auf dem späteren Bild nur in einer zweidimensionalen Ebene dargestellt wird.

3 **Spiegel:** Der im Winkel von 45 Grad im Strahlengang hinter der Optik angeordnete Spiegel lenkt das Bild auf die darüber befindliche Mattscheibe

4 **6,52 Megapixel CMOS-Sensor:** Der lichtempfindliche CMOS-Sensor mit 6,52 Millionen einzelner Lichtsensoren sitzt dort, wo sich bei einer analogen SLR-Kamera der Film befindet.

5 **Kameraelektronik:** Mit ihrer aufwändigen digitalen Technik zur Datenerfassung und –speicherung und zur Belichtungssteuerung gleicht die Canon EOS 300D einem richtigen Computer

6 **Messzellen:** Die oft aufwändigen Messzellen für die TTL-Innenlichtmessung, den Autofokus oder die TTL-Flashmessung befinden sich hinter dem teildurchlässigen Spiegel. So erhalten sie ihre Informationen direkt aus dem Strahlengang der Optik.

7 **Canon EF-Objektivbajonett:** Das EF-Bajonett sorgt nicht nur dafür, dass das Objektiv schnell mit der Kamera verbunden wird. Eine moderne zentrale Recheneinheit (CPU – Central Processing Unit) überträgt gleichzeitig alle notwendigen Daten vom Objektiv an die EOS 300D.

Neben dem lichtempfindlichen Halbleiter ist der schnelle Bildprozessor zur Verarbeitung der Daten das Herzstück der Karema

rens. Genau genommen geht es also nicht um den Unterschied zwischen analoger und digitaler Fotografie, sondern um den zwischen der analogen und damit chemischen Speicherung von Bilddaten auf einem Film und der digitalen Speicherung auf physikalischen Medien. In der »digitalen Fotografie« legt ein analog arbeitender CCD-Sensor (Charge Coupled Device) durch einen Analog-Digital-Wandler (A/D-Wandler) analoge Signale digital auf einem Speichermedium ab. Die digitalen Bilddaten werden später wieder mittels einer Software zu Bildern zusammengesetzt. Das fertige Produkt ist dann ein analoges Bild. Dieses kann am Monitor betrachtet oder als Aufsichtsbild ausgedruckt werden.

Chip und Film – die kleinen, feinen Unterschiede

	Film	Sensor
Auflösung	hoch, durch moderne Farbemuslionen Feinkörnigkeit bringt großen Detailreichtum und sehr gute Schäfe Grenzen bei der Körnigkeit (Angabe in L/mm – Linien pro Millimeter)	maximale Aufläsung abhängig von Pixelzahl des festen Sensors im Vergleich zum Film noch gering regelmäßige quadratische Pixelstruktur (Bitmap-Bild)
Lichtempfindlichkeit	gering bis sehr hoch Filmwechsel erofderlich, wenn Empfindlichkeit geändert werden soll	ähnlich ISO-Norm in festen Werten veränderbar
Farbtemperatur	je nach Film spezielle Farbtemperatur Konversionsfilter nötig	Weißabgleich manuell oder automatisch, passend zum Licht
Verfügbarkeit der Aufnahmen	erst nach Filmentwicklung verfügbar	sofort
Anzahl der Bilder	je nach Filmlänge, max. 36 Aufnahmen pro Film	von der Größe der Datenmenge und vom Fassungsvermögen des Wechselspeichers abhängig
Belichtungsspielraum	Negativfilm: 8 – 10 Blendenstufen Diafilm: 4 – 5 Blendenstufen	Kontrastbewältigung ähnlich Negativfilm (9 – 8 Blendenstufen) empfindlich gegen Überbelichtung
Stromverbrauch der Kamera	gering	sehr hoch (Kameraelektronik, Computer und LCD-Monitor sind wahre »Stromfresser«

Das chemische Bild besteht aus dem Silberkorn oder den Farbwolken (links). Das digitale Bild hingegen zeigt eine Pixelstruktur (rechts).

Damit sind im Prinzip auch schon die Unterschiede zwischen einer analogen und einer digitalen Kamera geklärt. Optisch arbeiten beide Kameras nach demselben Grundprinzip: Beide entwerfen das Bild wie in einer Camera obscura seitenverkehrt und auf dem Kopf stehend. In einer Digitalkamera ersetzt der lichtempfindliche Halbleiter den Silberfilm. Vergrößerungsgerät und Dunkelkammer, die zur Entwicklung eines Films bei der analogen Fotografie gebraucht werden, werden beim digitalen System durch den Computer ersetzt. So kann der Fotograf seine kreativen Ideen einfacher und effizienter umsetzen. Es gibt natürlich Unterschiede zwischen den auf Film oder auf lichtempfindlichen Chips gespeicherten Bildern. Sie sind aber sys-tembedingt und rein technischer Natur. Ein Bild wird nicht dadurch besser oder anders, dass es mit einer analog arbeitenden oder mit einer Digitalkamera geschossen wurde.

Dort, wo in einer analogen Canon EOS der Film sitzen würde, befindet sich in der digitalen EOS 300D der lichtempfindliche Flächenhalbleiter, ein leistungsstarker CMOS-Chip (Complementary Metal Oxide Semiconductor). Seine Sensorqualität, gepaart mit der Leistungsfähigkeit des Kameracomputers und dem schnellen Datenaustausch mit der Compact Flash-Speicherkarte ermöglichen volle Kreativität beim Fotografieren.

Der Flächensensor in der Canon EOS 300D

Der leistungsstarke CMOS-Chip der Canon EOS 300D besitzt auf einer Größe von 22,7 x 15,1 Millimetern 6,52 Millionen einzelner lichtempfindlicher Halbleiterzellen. 6,29 Millionen davon können effektiv zur Bildaufzeichung genutzt werden. Die CMOS -Technologie mit integrierten Schaltkreisen zeichnet sich durch geringe Leistungsaufnahme, niedrige Erwärmung und geringe Störanfälligkeit aus.

Damit alle drei Grundfarben Rot, Grün und Blau auf einmal erfasst werden können, wird über diesen Chip ein RGB-Mosaikfilter gelegt. Dieser Farbfilter zeichnet dann entsprechend den menschlichen Sehgewohnheiten 50 Prozent Grün-Anteil und jeweils 25 Prozent Rot- und Blauanteil mit kleinen grünen, roten und blauen Quadraten auf. – Eine technische Meisterleistung.

Man spricht zwar beim Flächensensor der Canon EOS 300D nicht von Körnigkeit wie beim Film: der lichtempfindliche Sensor, sein Auflösungsvermögen und die

Der CMOS-Chip der Canon EOS 300D

- 6,52 Millionen einzelne lichtempfindliche Sensoren in einer rechteckigen Matrix der Größe 22,7 x 15,1 Millimeter
- Lieferung von Farbbildern mit 50% Grün- und je 25% Rot- und Blauanteil
- geringer Energieverbrauch, geringe Erwärmung

Tipp:

Die richtige Auflösung an der Kamera einstellen

- Die Canon EOS 300D erlaubt die Einstellung von drei Aufnahmeformaten. Damit wird die spätere Bildgröße festgelegt.
- maximale Auflösung 3072 x 2048 Pixel, entspricht 6,29 Millionen Bildpunkten
- mittlere Auflösung mit 2048 x 1360 Pixel liefert Bilder mit einer Auflösung von 2,78 Millionen Bildpunkten
- geringste Auflösung mit 1536 x 1024 Pixel, liefert Bilder mit einer Auflösung von nur noch 1,57 Millionen Bildpunkten
- möglichst immer mit 6,29 Millionen Bildpunkten (volle Auflösung) arbeiten, sichert immer beste Qualität
- höchste Auflösung zum Fotografieren, später am PC herunterrechnen
- maximale Auflösung kostet im JPEG-Format gut 3,1 MB

L◣	Groß/fein
L◼	Groß/normal
M◣	Mittel/fein
M◼	Mittel/normal
S◣	Klein/fein
S◼	Klein/normal
RAW	RAW

Einstellung der Auflösung – aus der Bedienungsanleitung

Vergleich der Auflösungen

zugehörige optimale Lichtempfindlichkeit bestimmen aber wesentlich die Qualität der späteren Fotografie.

Natürlich hängt die Größe des späteren Bildes von der Anzahl der darstellbaren Bildpunkte und damit von der Menge der lichtempfindlichen Sensoren ab. Das sind bei maximaler Auflösung 3072 x 2048 Bildpunkte. In der digitalen Fotografie nennt man diese kleinen Punkte, die eigentlich Quadrate sind, Pixel. Pixel steht für Picture Element. Das Bild im klassischen Seitenverhältnis von 2 : 3 – dem Kleinbild nachempfunden – entspricht somit 6,29 Millionen einzelner darstellbarer Bildpunkte als kleinste Elemente im Bild. Die Anzahl dieser einzelnen lichtempfindlichen Sensoren ist für die spätere maximale Große einer digital Fotografie verantwortlich. Darüber hinaus muss der Sensor noch für die drei Primärfarben Rot, Grün und Blau durch eine Farbmatrix empfindlich gemacht werden.

Mit der Auflösung der Bilddaten, die Sie brauchen, um Ihr Bild am Monitor zu betrachten, hochwertig auszudrucken, als ausbelichtetes Bild ins Album zu stecken oder für eine Ausstellung zu verwenden, werden wir uns noch beschäftigen.

Wenn Sie größer und dabei immer noch scharfe Bilder möchten, sind Sie immer auf der richtigen Seite, wenn Sie mit

Linke Seite: maximale Auflösung mit 6,29 Mio. Bildpunkten, Mitte: mittlere Auflösung mit 2,78 Mio. Bildpunkten, Rechts: geringste Auflösung mit 1,57 Mio. Bildpunkten

der höchsten Auflösung fotografieren. Später ärgern Sie sich sonst vielleicht, wenn Ihre Bilder zwar zum Senden im Internet gut geeignet waren, die Qualität für andere Verwendungsmöglichkeiten aber nicht gereicht hat. Auf Ihrer Compact Flashkarte (CF-Karte) kostet Sie die Einstellung der maximalen Auflösung zwar viel Speicherplatz. Sie sollten die CF-Karte aber ohnehin

nicht zu klein bemessen. Und nach Übertragung zum Computer können Sie die Bilddaten ja immer wieder löschen. Die Lichtempfindlichkeit des CMOS-Sensors der EOS 300D ist den ISO-Filmempfindlichkeiten nachempfunden. Sie können folgende Empfindlichkeiten einstellen: 100, 200, 400, 800, 1600. Genau wie vom Film her bekannt, bedeutet die Verdopplung der ISO-Zahl eine Lichtempfindlichkeitssteigerung um das Doppelte. Wechseln die Lichtverhältnisse, wenn beispielsweise das Licht knapp wird, können Sie mit Ihrer digitalen Kamera unverzüglich darauf reagieren. Sie müssen nicht mehr umständlich den Film wechseln. Unabhängig vom einfallenden Licht, so heißt es in der Theorie, bleibt bei höheren Empfindlichkeiten die Pixelzahl eines Chips immer gleich. Das stimmt. In der Praxis werden aber bei zu wenig Licht zu wenig Ladungen im Sensor erzeugt. Das Bild beginnt zu »rau-

Tipp:

Passt immer: Lichtempfindlichkeit des CMOS-Sensors

- beste Leistungen, wenn niedrige Empfindlichkeiten eingestellt sind
- Einstellung der Lichtempfindlichkeit entsprechend den Lichtverhältnissen
- viel Licht – ISO 100 als Empfindlichkeit wählen
- wenig Licht – ISO 400 bis 800 als Empfindlichkeit wählen

Kompression:
Die Kompression im JPEG-Format sollte möglichst gering sein. Sie ist erforderlich, um die Datenmengen auf der CF-Karte möglichst gering zu halten.

Bild links: Die geringste JPEG-Kompression liefert die beste Qualität.
Bild rechst: Eine hohe Kompressionsrate kann zu Fehlern im Bild und homogenen Flächen führen. Häufig ist das aber erst in größeren Formaten zu sehen.

schen«. Genau wie bei einem unterbelichteten Film entstehen dann flaue Bilder ohne Kontrast und Farbbrillanz. Wenn Sie eine sehr hohe Empfindlichkeit eingestellt haben, ist also Vorsicht geboten. Der CMOS-Sensor der EOS 300D zeigt seine hohe Leistung am besten in den niedrig empfindlichen Bereichen. Aber bei hohen Empfindlichkeiten macht er, wenn auch mit Abstrichen, auch unter schwierigsten Bedingungen gute Aufnahmen. Das ist vor allem dann wichtig, wenn es mehr um die Darstellung der Situation als um beste Bildqualität geht

Der Weißabgleich

…damit kann der CMOS-Sensor gleich noch einen Pluspunkt für sich verbuchen: Beim Thema Weißabgleich hat ein Digital-

Tipp:
zum automatischen Weißabgleich

- automatischer Weißabgleich bietet meist die richtige Lösung
- aber: Vorsicht bei extrem farbigen Licht eines Motivs – hier Lichtsituation manuell einstellen
- Farbstiche auch später am Computer korrigierbar (Bildbearbeitungsprogramm), aber: sehr zeitraubend, Erfolg nur begrenzt

fotograf gegenüber seinem analogen Kollegen große Vorteile. Die Software in der Digitalkamera kann die Kamera schnell auf die Farbzusammensetzung des vorhandenen Lichts abstimmen und einen automatischen oder manuellen Weißabgleich durchführen. So muss man nicht für jede Farbstimmung einen passenden Chip dabei haben. In der analogen Fotografie hingegen müssen für verschiedene Lichtsituationen unterschiedliche Filme eingesetzt werden. Neben dem automatischen Weißabgleich bietet die Kamera noch sieben weitere manuell einstellbare Farbkorrekturen für die häufig anzutreffenden Lichtverhältnisse Sonne, Wolken, Schatten, Glühlampen, Leuchtstoffröhren und Blitz.

Übrigens kann die Kamera Ihre Bilddaten in zwei Farbräumen ablegen. Damit zeigt die Canon EOS 300D eine deutliche Anlehnung an professionelle Schwestermodelle. Zur Wahl stehen die Farbräume sRGB (2 Parameter) und Adobe RGB. sRGB eignet sich vor allem für die Darstellung oder Präsentation von Bildern auf einem RGB-tauglichen Monitor oder Beamer.

Adobe RGB kann bis zum späteren kommerziellen Druck, der zu CMYK-Druckvorlagen führt, genutzt werden. Die meisten Hobbyfotografen arbeiten mit dem sRGB, wenn sie ihre Bilddateien mit einem Bildbe-arbeitungsprogramm am PC bearbeiten. Sie sollten zunächst auch diese Einstellung wählen. Wenn Sie allerdings von vornhe-rein schon wissen, dass Ihre Bilder profes-sionell gedruckt oder in wichtige Präsenta-tionen eingebunden werden, sollte sich für den Adobe RGB-Farbraum entscheiden. Bei Adobe-RGB benötigen Sie aber schon Erfahrungen im professionellen Farbmana-gement und Sie sollten auch in der Bildbe-arbeitung schon ein echter Fuchs sein.

Am besten, Sie beginnen deshalb erst einmal mit den Parametern 1 oder 2 im sRGB. Parameter 1 speichert die Bilder in lebhaften und frischen Farben. Parameter 2 hingegen führt zu mehr gedämpften und zurückgehaltenen Farben. Das ist ähnlich wie bei klassischen Filmen. Hier kann man sich auch für hochfarbgesättigte Filme oder für mehr gedämpfte Fotomaterialien entscheiden. Der im Umgang mit seiner Canon EOS 300D geübte Fotograf hat auch die Mög-lichkeit, sich eigene Bearbeitungsparameter zu erstellen. So kann er Kontrast, Schärfe, Farbton und Farbsättigung selbst auswählen.

Die Sensorpflege

Der CMOS-Sensor Ihrer Kamera benötigt hin und wieder etwas Pflege. Durch die Verwendung von Wechselobjektiven kön-nen Schmutzpartikel wie Staub oder Fusseln in den Innenraum der Kamera gelangen. Durch das Klappen des Spiegels und Ab-laufen des Verschlusses können sich diese Schmutzpartikel auch auf dem Sensor absetzen. Sie stören dort natürlich die Wege der Lichtstrahlen, können zu immer wieder kehrenden Flecken auf den Bildern

Einstellungen zum Weißabgleich

Symbol	Bedeutung	Farbtemperatur des Lichts
AWB »AWB«	Kamera führt automatischen Weißab-gleich durch	ca. 3000 – 7000 K
Sonne	geeignet für Sonnenschein und helles Tageslicht	ca. 5500 K
Wolken	bei bewölktem Himmel, schlechten Lichtverhältnissen (Dämmerung oder abends)	ca. 6000 K
Schatten	bei dunklen Schatten, schlechten Lichtver-hältnisssen	
Glühlampe	geeignet für Innenaufnahmen mit Glüh-lampen-Licht	ca. 3200 K
Leuchtstofflampe	verhindert den Gelb-/Grünstich von Flourrezenzlicht (weisse Leuchtstofflam-pen)	ca. 4000 K
Blitz	für Aufnahmen mit Blitzlicht	
manueller Weiß-abgleich	individueller Weißabgleich	

Weißabgleich bei unterschiedlichen Lichtverhältnissen
Bild oben: Die schöne warme Wintersonne bleibt in der Einstellung »Tageslicht« erhalten.
Bild unten links: Der automatische Weißabgleich führt zu einem farblich ausgewogenen Bild, kann
aber die eigentliche Lichtstimmung auch zerstören.
Bild unten rechts: Eine versehentliche Einstellung von Kunstlicht bei Tageslicht führt zu einem Blaustich

oder einer generellen Verschlechterung der Bildqualität führen. Um solche Fehler nicht in strapaziöser Kleinarbeit am Computer entfernen zu müssen, sollten Sie den CMOS-Sensor Ihrer Kamera regelmäßig auf Schmutzablagerungen überprüfen.

Mit der Funktion »Sensor-Reinigung« gelangen Sie ungehindert an den CMOS-Sensor. Diese Funktion sorgt dafür, dass der Spiegel nach oben klappt und dass der Verschluss geöffnet wird. Nun kommen Sie ungehindert an den empfindlichen CMOS-Sensor und können ihn mit einem kleinen Gummiblasebalg frei blasen. Seien Sie dabei aber sehr vorsichtig. Der Chip ist nämlich sehr empfindlich. Für hartnäckige Ablagerungen gibt es auch entsprechende Pinsel und Reinigungssets zu kaufen. Ver-

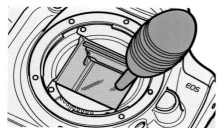

Reinigung des CMOS-Sensors mit einem Blasebalg

meiden Sie auf jeden Fall eine direkte mechanische Berührung der Oberfläche Ihres Chips. Ablagerungen, die Sie auf die gerade beschriebene Weise nicht selbst weg bekommen, müssen in einer Canon-Vertragswerkstatt beseitigt werden.

Während der Prozedur des Sensorreinigens darf übrigens die Stromversorgung an Ihrer Kamera nicht unterbrochen werden. Dass heißt, Sie müssen die Kamera über vollgeladene Akkus oder über die Netzteilgarnitur ACK-E2 mit Energie versorgen.

Wenn der Eintrag »Sensor-Reinigung« auf **ỴT2** der Registrierkarte gewählt wird, klappt der Spiegel nach oben und der Verschluss öffnet sich, so dass der Sensor gereinigt werden kann.

Der TFT-LCD-Farbmonitor

Am augenfälligsten bei digitalen Kameras sind sicher die LCD-Farbmonitore. Die Canon EOS 300D verfügt über einen hochwertigen TFT-Monitor (Thin Film Transistor) mit einer Auflösung von ca. 118 000 Bildpunkten – gegenüber den sonst üblichen klassischen LCD- Monitoren (Liquid Cristal Display) schon eine wesentlich bessere Ausführung.

Wer bereits mit einer digitalen Sucherkamera fotografiert hat, wird den manchmal auch schwenkbaren Monitor vielleicht ab und zu auch als Sucher verwendet haben. Gerade diese Funktion hat er bei einer digitalen SLR-Kamera nicht. Hier wird ja das Bild auf der Suchermattscheibe (Einstell-

Tipp:

Vorsicht mit LCD-TFT-Farbmonitoren

* extrem empfindlich gegen Kratzer und äußeren Druck, deshalb: nicht mit den Fingern berühren und vor Zerkratzen schützen
* Bildschirmgröße 4,57 cm und Auflösung von ca. 118 000 Bildpunkten erlauben keine qualifizierte Bildbeurteilung, aber: grober Überblick über Motiv und Belichtung
* Flüssigkristalle auf TFT-LCD-Monitoren sind temperaturabhängig: extreme Temperaturänderungen ändern die Farben des Monitors, aber: kein Einfluss auf spätere Bildqualität, reversibel

Bild auswählen und löschen

* unbrauchbaren Bilder können sofort nach der Aufnahme löscht werden
* Platz für neue Aufnahmen auf der CF-Karte
* Löschen über das Menü der Kamera sehr zeitaufwändig, deshalb: erst später am Computer löschen

Strom sparen

* kleine Farbmonitore oder Displays sind Stromfresser
* starke Belastung der Akkus durch häufiges Betrachten der Aufnahmen am Kameramonitor oder häufiges Verwenden der Anzeige-, Auswahl- und Löschfunktionen am Monitor
* angegebene Anzahl von Aufnahmen pro Akku-Ladung wird oft nicht erreicht
* deshalb: Farbmonitor bei Nichtgebrauch abschalten

Histogramm

…in der Rückschau-Einstellung zeigt Helligkeitsverteilung des Motivs und damit den Tonwertumfang; auf gleichmäßige Verteilung von dunklen und hellen Partien achten

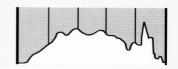

scheibe) direkt bis zur fertigen Aufnahme betrachtet. Der Farbmonitor dient dafür aber als wichtiges Anzeigeelement für die vielfältigen Funktionen, die an der Kamera eingestellt werden können.

Alle wichtigen Funktionen werden über das Bildschirmmenü und über die Registrierkarten aufgerufen. Nach wenigen Übungsstunden werden Sie in der logischen und einfachen Steuerung der einzelnen Menüfunktionen »firm« sein und alle Funktionen schnell einstellen können.

Sehr wichtig ist der Monitor an der digitalen SLR-Kamera vor allem zur Überprüfung Ihrer Aufnahmen. Gleich nach der Belichtung und dem Abspeichern können Sie am Monitor das gerade geschossene Bild ansehen und beurteilen. Wenn es nicht in Ordnung ist, könnten Sie das Bild entweder gleich wieder löschen oder notwendige Änderungen der Aufnahmeparameter vornehmen. In der analogen Fotografie mit Film müssten Sie dafür warten, bis das Bild fertig entwickelt worden ist. Als Digitalfotograf sehen Sie sofort, ob eine Aufnahme gut gelungen ist, ob die Farben stimmen oder ob eventuell durch Bewegungen des Motivs Unschärfen entstanden sind.

In der Rückschau-Einstellung der Registrierkarte Rückschau sehen Sie das Bild

 verkleinert und können sich über das angezeigte Histogramm einen Eindruck von der Helligkeitsverteilung des Motivs machen. Natürlich finden Sie hier auch alle anderen, von Ihnen gewählten Aufnahmeparameter wie Blende, Verschluss, Auflösung, Messcharakteristik, ISO-Einstellung und eingestellten Weißabgleich

Über die Registrierkarte kann man die Zeit der Rückschau eines Bildes nach der Aufnahme einstellen oder den Farbmonitor ausschalten.

Die LCD-Anzeige

Direkt über dem Farbmonitor befindet sich das große LCD-Display, auf dem alle wichtigen Kamerafunktionen angezeigt werden. Diese Anzeige ist wichtiges Kontrollzentrum

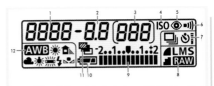

Die LCD-Anzeige ist das Kontrollzentrum der Kamera

1   Verschlusszeit; Daten werden bearbeitet; Warnanzeige der Speicherbatterie; ISO-Empfindlichkeit; Kamerahochlauf
1 + 2   AF-Messfeldwahl; CF-Karte voll; CF-Karten-Fehlerwarnung; Fehlercode; Reinigen des Bildsensors
2   Blendenwert
3   Noch verbleibende Aufnahmen
4   ISO-Empfindlichkeit
5   Verringerung roter Augen
6   Signalton
7   Bildfrequenz; Selbstauslöser; Fernbedienung
8   Bildaufnahmequalität
9   Belichtungsstufenanzeige; Belichtungskorrekturwert; Belichtungsreihenstufe; CF-Karten-Schreibstatus
10   Akku-Ladezustand
11   AEB
12   Weißabgleich

Ihrer Kamera. Hier können Sie alle wichtigen Funktionen ablesen, z.B. welche Blende und welcher Verschluss oder welches Belichtungsprogramm eingestellt sind, wie viele Aufnahmen gemacht werden können oder in welchem Zustand sich die Batterie

Tipp:

Informationen im Sucher und LCD-Display

- Anzeigen zu Blende, Verschluss oder Blitzbereitschaft finden sich auch im Sucher
- beim Fotografieren Sucheranzeigen im Auge behalten.
- LCD-Anzeige liefert Informationen zu Weißabgleich, Auflösung, ISO-Einstellung, Aufnahmemodus, Batterie
- auf Batteriezustand achten

befindet. Prägen Sie sich die möglichen Anzeigen gut ein, damit Sie Ihre Einstellungen immer sofort überblicken.

Das LCD-Feld kann bei dunklem Umgebungslicht durch Drücken der Beleuchtungstaste zum besseren Ablesen erhellt werden. Durch erneutes Drücken der Taste, sie befindet sich sehr leicht zugänglich unter der Messwertspeichertaste, kann die Beleuchtung ausgeschaltet werden. Ebenso geht die Beleuchtung wieder aus beim Antippen des Auslösers.

Die Speicherkarte

Die Bilder, die Sie gerade mit Ihrer Canon EOS 300 D geschossen haben, müssen als digitaler Bilddatensatz festgehalten und gespeichert werden. Das erfolgt vorzugsweise auf einem Wechsel-Bildspeicher, der – ähnlich einer Filmpatrone – der Kamera entnommen werden kann. Auf diesem Wechsel-Bildspeicher werden Ihre Bilddaten außerhalb der Kamera über einen langen Zeitraum und ohne weiteren Strom bewahrt, bis Sie die Daten auf Ihren Computer heruntergeladen oder aber gelöscht haben. Canon setzt bei der EOS 300D als »digitale Patrone« die Compact Flash Karte (CF-Karte) ein. Auf diesem sogenannten Flash-Memory-Massenspeicher können Bilddaten gut 10 Jahre aufbewahrt werden. Die Anzahl der Schreib- und Löschzyklen ist dabei auf 100 000 begrenzt.

Die CF-Karte ist ein sehr universeller und häufig in digitalen Kameras anzutreffender Wechselspeicher. Fast alle hochwertigen Digitalkameras, vor allem digitale SLR-Kameras verfügen über entsprechende Einschübe (Slots) für diesen Kartentyp. In die Canon EOS 300D passen Compact Flash Karten vom Typ I und vom Typ II. Die Karten vom Typ I sind 3,3 Millimeter, die vom Typ II 5 Millimeter dick.

Die CF-Karten beherbergen nicht nur den notwendigen Speicherbaustein, sondern

Das Microdrive ist eine kleine, schnelle Festplatte

auch einen Controller. Dieser garantiert theoretisch, dass die Speicherkarten in verschiedenen Kameras genutzt werden und mit dem PC direkt kommunizieren können. Das trägt auch zu ihrer großen Universalität beim Einsatz in der digitalen Fotografie bei.

CF-Karten können wahlweise mit einer Spannung von 3,3 oder 5 Volt betrieben werden.

Zu den CF-Karten vom Typ II zählt auch das von IBM entwickelte Microdrive, das als winzige Festplatte mit einer Speicherkapazität von 1 Gigabyte enorm viele Bilddaten aufnehmen kann. Inzwischen gibt es

Fassungsvermögen von CF-Karten

CF-Karte	RAW-Daten ca. 7 MB/Bild	JPEG-Daten ca. 3,1 MB bei sehr guter Qualität
128 MB	ca. 18 Bilder	ca. 41 Bilder
256 MB	ca. 36 Bilder	ca. 82 Bilder
512 MB	ca. 73 Bilder	ca. 167 Bilder
1 GB	ca. 146 Bilder	ca. 330 Bilder
2 GB	ca. 290 Bilder	ca. 660 Bilder

auch CF-Karten als Festspeicher mit einer Speicherkapazität von 1 und 2 Gigabyte. CF-Karten als Festspeicher sind etwas widerstandsfähiger als die schlag- und stoßempfindlichen Microdrives.

Mit welchen Speicherkapazitäten Sie arbeiten müssen, hängt davon ab, in welchem Datenformat Sie Ihre Fotos speichern wollen und wie viele Bilder Sie im Durchschnitt schießen. Auch wenn die gespeicherten Bilder nach der Übertragung an den Computer gleich wieder gelöscht werden können und die Karte sofort wieder einsatzbereit ist, sollte man vor allem bei Fotoexkursionen oder im Urlaub genügend CF-Karten dabei haben. Nicht immer ist der PC oder ein größerer Zwischenspeicher parat, mit dem die Karte ausgelesen werden kann. Auf einen Laptop kann man die Bilddaten der CF-Karte übrigens ganz schnell mit einem PCMCIA-Adapter überspielen.

Zum Einlegen der CF-Karte öffnen Sie die Abdeckung und schieben diese nach vorn. Nun liegt der Kartenslot frei. Die CF-Karte wird vorsichtig dort hineingeschoben. Der Label-Aufdruck muss dabei zur Kamerarückwand weisen. Schließen Sie die Abdeckung wieder und schalten Sie Ihre Kamera ein. Sie können dann gleich im LCD-Display sehen, wie viele Bilder auf der Karte Platz finden.

Exkurs: CF-Karte und Datensicherheit

Nichts ist für einen ambitionierten Fotografen schlimmer, als wenn ihm Bilder verloren gehen. Natürlich können dem Digitalfotografen keine Filmstreifen, Negative oder Dias mehr verlustig gehen. Die Gefahr liegt jetzt bei Karten-Crashs. Um diesem Übel zu entgehen, sollten Sie Ihre CF-Karten von Anfang an immer sorgfältig behandeln. Außerhalb der Kamera sollten die CF-Karten in entsprechenden Etuis aufbewahrt werden. Setzen Sie Ihre CF-Karten keinen thermischen und mechanischen Belastungen aus; legen Sie CF-Karten vor allem nicht auf sich er-

Tipp:

Verluste in Grenzen halten

- besser mehrere kleine CF-Karten nutzen als eine große 1-GB-Karte oder Microdrive
- Verlust an digitalen Fotografien bleibt begrenzt: dass gleich zwei Karten »zerschossen« werden, ist unwahrscheinlich
- aber: CF-Karten mit 128 oder 256 MB fassen nicht so viele Bilder wie 1-GB-Karten, deshalb: häufigerer Kartenwechsel erforderlich

Nicht immer stimmen Theorie und Praxis

- CF-Karten sicherheitshalber immer nur in der Canon EOS 300D verwenden und formatieren
- Karten, die in anderen digitalen Kameras funktionieren, müssen in der EOS 300D nicht laufen und umgekehrt
- Datenpflege der CF-Karte mit den Dienstprogrammen des PC vermeiden (automatisches Formatieren mit FAT 32 kann zur »Unlesbarkeit« der CF-Karte führen)

wärmenden Geräten ab und transportieren Sie CF-Karten auch nicht ungeschützt in der Hosentasche und schützen Sie CF-Karten vor Feuchtigkeit. Ein Sandkorn oder ein verschmutzter Kontakt können schon das Aus für Ihre CF-Karte bedeuten.

Achten Sie auch auf starke Magnetfelder, wie sie in der Nähe von Hochspannungsmasten oder gar Kraftwerken schon mal vorkommen können. Magnetfelder sind für

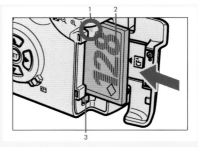

Einlegen der CF-Karte
1 Markierung   2 Label-Seite
3 Auswurftaste

elektromagnetische Speichermedien, wie die CF-Karte eines ist, Gift.

Auch ein Stromausfall in der Kamera kann zu falsch geschriebenen Daten und damit fehlerhaften Bildern führen. Achten Sie deshalb auf eine stabile Stromversorgung (volle Akkus oder Netzbetrieb). Übrigens ist es auch schon vorkommen, dass die Bilddaten am PC fehlerhaft in das entsprechende Bildbearbeitungsprogramm importiert wurden.

Sollten wirklich einmal Bilddaten auf Ihrer Karte nicht mehr lesbar sein, dann sollten Sie abschätzen, ob sich vielleicht ein zwar teurer aber professioneller Dienstleister Ihrer CF-Karte annehmen sollte. Auf keinen Fall sollten Sie mehr mit PC-Programmen auf eine defekte Karte zugreifen.

Die Zugriffsleuchte signalisiert, dass noch Daten auf die CF-Karte geschrieben wer-

den. Das ist auch bei bereits ausgeschalteter Kamera noch möglich. Nehmen Sie also auf keinen Fall Ihre CF-Karte aus dem Slot, wenn die Zu-

Zugriffsleuchte   griffsleuchte noch brennt

Das richtige Datenformat

Ihre Canon EOS 300D kann die Bilder in zwei Datenformaten auf der CF-Karte ablegen. Zum einen in dem weit verbreiteten JPEG-Format, zum anderen in einem eigenen RAW-Format. Um das »hauseigene« RAW-Format öffnen und später bearbeiten zu können, benötigt man aber zusätzlich die Canon File Viewer Utility. Das RAW-Format der Canon EOS 300D speichert die Bilddaten unkomprimiert, unbearbeitet und in voller Auflösung (3072 x 2048 Pixel). Diese Bilddaten können am PC nachträglich weitgehend optimiert und korrigiert

werden und führen so natürlich zu den bestmöglichsten Bildergebnissen. Die digitalen Bilddateien im RAW-Format schlagen allerdings mit gut 7 MB ganz schön zu Buche.

Für die Speicherung von Bildern in digitalen Kameras hat sich insbesondere das JPEG-Format als Standard bewährt. Die JPEG-Dateien können von so gut wie allen Bildbearbeitungsprogrammen problemlos geöffnet werden. Allerdings ist das Speichern im JPEG-Format ein verlustbehaftetes Komprimierungsverfahren. Sie sparen zwar

Qualität der Bildaufnahme	
Großes Bild	liefert Fotoabzüge im A4-Format (29,7 x 21 cm) in hoher Qualität, nutzt die vollen 6,29 Mio. Pixel, große Bilddatei (3,1 MB)
Mittelgroßes Bild	liefert Fotoabzüge in der Größe von A5 bis A4, Qualität der A4-Abzüge annehmbar, A5 hohe Qualität, nutzt ca. 2,8 Mio. Pixel, mittlere Bilddatei 1,8 MB
Kleines Bild	liefert Fotoabzüge im Format A5 (21 x 14,8 cm) in guter Qualität, nutzt ca. 1,6 Mio. Pixel, kleine Bilddatei (1,4 – 0,39 MB)

RAW und JPEG im Vergleich

JPEG-Format – verlustbehaftete Daten-Komprimierung
RAW-Format – Daten werden verlustfrei, unkomprimiert gespeichert

Für das richtige Format sollten Sie noch folgendes
beachten:
Damit die 6,29 Millionen Fotodioden unter der
RGB-Primärfarbenmatrix auch wirklich 6,29
Millionen einzelner Bildpunkte mit zugehörigem
Helligkeits- und Farbwert erzeugen können,
müssen technisch bedingt Farbwerte interpoliert,
also zusätzlich berechnet werden. Die Interpolati-
on ist eine Art Mittelwertbildung und führt häufig
zu Unschärfen an Übergängen. Dem wirkt die
Digitalkamera durch eine Nachschärfung entge-
gen. Das muss aber nicht immer zu den besten
Ergebnissen führen.
Wenn Sie im JPEG-Format speichern, können Sie
diese Schärfe einstellen. Somit ist das Bild im
JPEG-Format schon vom Kameracomputer mit einer
Optimierung versehen, die in den meisten Fällen
eine gute Lösung ist.
Die RAW-Daten hingegen sind fast unbearbeitete
Bilddaten ohne Interpolation, Weißabgleich,
Tonwertkorrektur und Schärfung. Sie können
deshalb auch leicht unscharf erscheinen. Wenn
Sie im RAW-Format gespeichert haben, müssen
Sie jedes Bild aufwändig in einem Bildbearbei-
tungsprogramm korrigieren und optimieren.
Einsteiger sollten hier zunächst Erfahrungen in der
elektronischen Bildbearbeitung sammeln.

Tipp:

zum Nachschärfen

- EOS 300D erlaubt Auswahl unterschiedlicher Stufen der Schärfung
- möglichst die Einstellung mit der geringsten
  Nachschärfung wählen
- Kameraseitig ist eine mittlere Schärfung
  eingestellt
- starke Nachschärfung erweckt zwar den
  Eindruck einer besseren Auflösung, tatsächlich können aber gerade in homogenen
  Flächen oder Kanten unschöne Bildstörungen, sogenannte Artefakte entstehen
- Bilder besser erst im Bildbearbeitungsprogramm schärfen
- stärkeres Nachschärfen eigentlich nur
  empfehlenswert, wenn die Bilder direkt aus
  der Kamera ohne Umwege über den
  Direktdruck-Standard PictBridge ausgedruckt werden sollen

enormen Speicherplatz auf Ihrer CF-Karte,
müssen aber bei zu großer Kompression zu
Qualitätsverluste der Aufnahmen in Kauf
nehmen. Die Canon EOS 300D bietet
insgesamt sechs Komprimierungsstufen an:
großes Bild, mittelgroßes Bild, kleines Bild
und zu jeder dieser Bildgrößen noch einmal eine Unterteilung. Damit lässt sich die
Dateigröße beim Abspeichern von 3,1 MB
bis 0,9 MB steuern. Um die richtige Größe
auszuwählen, müssen Sie vorab genau
überlegen, welchem Zweck Ihre Fotografie
später dienen soll.

Das Kraftwerk der Canon EOS 300D – kleine Batteriekunde

Ihre digitale Kamera benötigt natürlich eine
leistungsstarke Energieversorgung. Weder
bei den ersten »Trockenübungen« noch
später beim Fotografieren wird der Kamera
eine Reaktion zu entlocken sein, wenn sie
nicht mit geladenen Akkus »gefüttert«
wurde. Die Elektronik der Kamera zur
Steuerung des Verschlusses, des Blitzlichts
oder des Autofokus und natürlich der dem
Bildsensor angeschlossene Computer muss
eine Menge an Rechenleistung aufbringen.
In ihre Kamera passen die leistungsstarken
Lithium-Ionen-Akkus (Li-Ion) vom Typ BP-511
und BP-512. Diese, vor einigen Jahren neu
entwickelten Akkus sind extrem leistungsfähig, haben eine geringe Selbstentladung,
wiegen wenig und zeigen nicht den von
den Nickel-Akkus bekannten Memory-Effekt.
Sie sind für den Einsatz in Digitalkameras
schlichtweg optimal. Allerdings sind sie
auch recht teuer und können nach gut
1000 Ladezyklen auch schon mal den
Geist aufgeben. Die Li-Ion-Akkus werden
auch in anderen Canon-Kameras verwendet.
Der Akku-Schacht der Canon EOS 300D
fasst einen Akkupack vom Typ BP-511 oder
BP-512, der natürlich regelmäßig geladen
werden muss. Damit die Kamera beim
Herausnehmen des Akkus nicht ganz strom-

los ist und wichtige Daten gespeichert bleiben, hat sie aus Sicherheitsgründen eine sogenannte Stützbatterie. Sie speichert die kameratechnisch relevanten Daten wie Datum und Uhrzeit, hält ca. fünf Jahre und sollte dann ausgetauscht werden. Die Stützbatterie ist eine kleine Knopfzelle vom Typ CR2016-Lithium. Sie lässt sich leicht einsetzen bzw. austauschen: Dazu öffnen Sie das Fach für den Akku und nehmen diesen gegebenenfalls heraus. Nun können Sie den kleinen Batteriehalter heraus ziehen und die Knopfzelle einsetzen. Achten Sie bitte auf die Polung.

Nun können Sie – entsprechend der Bedienungsanleitung – auch gleich Datum und Uhrzeit einprogrammieren.

Die erste Akkuladung wird wahrscheinlich nicht sehr lange vorhalten. Das muss Sie aber nicht verwundern: Die vielen anfänglichen Übungen, das Erlernen bestimmter Funktionsweisen, das Experimentieren mit der neuen Kamera erfordern so viel Energie, dass der erste Akku möglicherweise schneller leer ist als das später beim »gewöhnlichen«

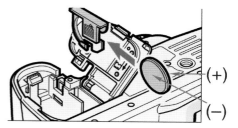

Einlegen und Herausnehmen der Stützbatterie

Gebrauch der Kamera der Fall sein wird. Außerdem bringt der Akku erst nach mehrmaligen Ladezyklen seine volle Leistung.

Speziell für die Canon EOS 300D wurde ein Batteriehalter, der Canon Batteriegriff BG-E1, entwickelt. Er kann an der unter der Kamera befindlichen Stativbuchse befestigt werden. Dieser Batteriehalter ermöglicht es, die Kamera mit zwei Lithium-Ionen-Akkus vom Typ BP-511 oder BP-512 zu betreiben. Damit steht der Kamera erheblich mehr Energie zur Verfügung und sie kann länger genutzt werden.

Der Batteriegriff hat noch weitere, unschlagbare Vorteile.

Tipp:

Reserveakkus

- Viel-Fotografierer brauchen mindestens zwei Reserveakkus
- Geht beim Fotoshooting der Akku aus, ist der Canon EOS 300D nichts mehr zu entlocken.

Stromversorgung über Netzteil

- Ohne Strom läuft bei der Canon EOS 300D gar nichts.Deshalb ist die Netzteilgarnitur ACK-E2 ein nützliches Sonderzubehör. Damit kann die Kamera über eine Steckdose betrieben werden.
- Kamera beim Herunterladen von Bilddaten auf den Computer möglichste über eine Haushaltssteckdose betreiben, schont die Akkus und verhindert vorzeitiges Abschalten der Kamera am Computer
- Sensor-Reinigung ebenfalls über Steckdosenanschluss durchführen
- Netzteil auch im Fotostudio von großem Vorteil

Canon EOS mit Batteriegriff BG-E1

Tipp:

Im Winter schön warm halten

Den Temperaturbereich, in dem Ihre Kamera
einwandfrei funktioniert, gibt Canon mit einem
Temperaturbereich von 0 bis 40 Grad Celsius an.
Auf die besonderen Reize, die gerade die kalte
Jahreszeit für Fotografen hat, kommen wir später
noch einmal zurück. Hier vorab schon mal ein
Hinweis, der Ihnen auch bei kalten Temperaturen
ein sicheres Arbeiten mit Ihrer Kamera garantiert:
Das A und O für eine einwandfrei funktionierende
Kamera ist die Energieversorgung.

- im Winter Kamera und Akkus bis zum
  Einsatz immer schön warm halten
- frisch aufgeladene Akkus unter der wärmenden Winterkleidung warm halten und erst
  kurz vor der Aufnahme in die Kamera legen
- immer einen warm gehaltenen und voll
  geladenen Akku zum schnellen Wechsel
  bereithalten

Tipp:

Brennweitenverlängerung

- Der Brennweitenverlängerungsfaktor von
  1,6 bewirkt, dass Sie schneller in einen
  Telebrennweitenbereich kommen. → günstig, wenn weiter entfernte Motive formatfüllend abgelichtet werden sollen
- Die kleinere Diagonale des CMOS-Sensors
  ist bei der echten Weitwinkelfotografie ein
  Schwachpunkt. Ein 14-mm-EF-Objektiv
  schafft hier nur einen Bildwinkel von gut 90
  Grad (etwas weniger Bildwinkel als bei
  einem klassischen 20 Millimeter Objektiv)
- Wer mit sehr weitem Winkel fotografieren
  will, sollte sich ein Varioobjektiv mit einem
  Zoombereich von 15 bis 35 Millimeter
  zulegen.

*Extra für die Canon EOS 300D wurden auch
neue Objektive entwickelt, wie hier das EF-S-18-
55 mm, mit dem auch Weitwinkelaufnahmen
möglich sind.*

Er lässt das schnellere Wechseln der Akkus
zu, sieht – an die Kamera angesetzt –
einfach professioneller aus und lässt die
Kamera besser in der Hand liegen. In den
Griff integriert ist ein Hochformatauslöser. Er
vereinfacht und erleichtert das Auslösen der
Kamera bei Hochformat-Aufnahmen. Außerdem verfügt der Handgriff noch über ein
Haupt-Wahlrad, eine Belichtungsmesswert-
speicher-/FE-Blitzbelichtungsspeichertaste,
AF-Messfeldtaste sowie eine Belichtungskor-
rektur/Blendeneinstelltaste.
Der Handgriff ermöglicht auch die Verwendung des Netzkabels.

Die Canon-EOS-Objektive

Das fotografische Objektiv ist das »Auge«
der Kamera.

   An Ihrer digitalen AF-SLR-Kamera Canon
EOS 300D können Sie das gesamte
Canon-Objektvprogramm einsetzen. Und
das besteht derzeit immerhin aus mehr als
50 Objektiven, vom extremen Weitwinkel-
bis zum extremen Teleobjektiv. Natürlich
können an der Kamera alle zum Objektivprogramm gehörenden Hochleistungs-

Objektive von Canon verwendet werden.
Dazu zählen die Objektive mit dem revolu-
tionären kernlosen Ultraschallmotor, die
eine schnelle und leise Scharfstellung mit
dem Canon-Autofokus ermöglichen. Diese
USM-Objektive sind für die optische Leistungsfähigkeit von Canon-Linsen sprichwört-
lich geworden. Zum Objektivprogramm
gehören auch Objektive, die mittels eines
elektronischen Bildstabilisators verwack-
lungsfreie Aufnahmen aus der Hand auch

Mehr als 50 Objektive des Canon-Objektivprogramms können auch an der EOS 300D verwendet werden

mit längeren Brennweiten und bei ungünstigen Lichtverhältnissen ermöglichen.Eigens

Brennweitenverlängerung durch kleinere Bilddiagonale (Brennweitenverlängerungsfaktor 1,6)

Brennweite/Bildwinkel Kleinbild	Brennweite an der EOS 300D
14 mm/114°	22,4 mm
20 mm/94°	32 mm
24 mm/84°	38 mm
28 mm/75°	45 mm
35 mm/62°	56 mm
50 mm/46°	80 mm
85 mm/28°	136 mm
100 mm/24°	160 mm
135 mm/18°	216 mm
200 mm/12°	320 mm

für das elegante Metallic-Design der EOS 300D hat Canon unter Beibehaltung des EF-Bajonetts neue EF-S-Objektive entwickelt.

Der CMOS Chip der Canon EOS 300D fällt mit einer Größe von 15,1 x 22,7 mm etwas kleiner aus als der Kleinbildfilm (24 x 36 Millimeter). Dadurch konnte der Spiegel der Kamera etwas kleiner gebaut werden, so dass der vor dem Chip befindliche Raum (Spiegelkasten) etwas kleiner ist und das Objektiv optisch optimaler gebaut werden kann. Ein EF-S-Objektiv passt deshalb nicht mehr an eine andere Canon EOS-Kamera und kann derzeit nur mit der Canon EOS 300D genutzt werden.

Vielleicht haben Sie Ihre EOS 300D gleich im Set mit dem EF-S 3,5-5,6/18-55 mm Zoomobjektiv erworben. Dann müssen Sie Ihr Objektiv mit der am Kamerabajonett befindlichen weißen EF-S-Markierung ansetzen. Dieses Objektiv passt an keine andere Kamera.

Verwenden Sie hingegen andere Canon-EF-Objektive an Ihrer EOS 300D, dann erfolgt der Anschluss der Objektive über die rote EF-Objektiv-Indexmarkierung an der Kamera.

Tipp:

Fototasche

- Am besten ist Ihre Kamera in einer Bereitschaftstasche aufgehoben.
- Bei umfänglicherer Ausrüstung ist zu einer größeren Taschen, einem Fotokoffer oder einem Fotorucksack zu raten → fasst Zusatzobjektive und verschiedenes Zubehör wie ein leistungsfähigeres Blitzgerät oder ein zerlegbares, transportables Stativ

Kameragurt

- Schulterriemen zur Sicherheit der Kamera unbedingt entsprechend der Beschreibung anbringen
- Länge des Riemens stimmt, wenn die Kamera – über der Schulter getragen – oberhalb der Hüfte hängt
- Riemchen so befestigen, dass, wenn die Kamera über der Schulter hängt, noch bequem die Faust dazwischen passt
- beim Fotografieren den Kameriemen als Schlaufe um das Handgelenk legen → macht die Kamera »absturzsicher«

Okularabdeckung

- An den Schulterriemen ist eine Okularabdeckung angebracht.
- abgenommene Gummi-Augenmuschel auf die Okularfassung des Suchers stecken → verhindert Fehlbelichtungen durch Streulicht, wenn das Sucherokular nicht durch die Augen verschlossen ist (z.B. bei Aufnahmen mit Stativ oder mit Selbstauslöser)

Die Bilddiagonale des CMOS-Sensors ist kleiner als die eines Kleinbildfilms. Für die effektive Brennweite eines an der Canon EOS 300D arbeitenden Objektivs ergibt sich deshalb ein Verlängerungsfaktor 1,6. Wenn man also Rückschlüsse auf die Brennweite und den Bildwinkel der Objektive an der Canon EOS 300D ziehen will, muss man alle EF-Objektive mit dem Faktor 1,6 multiplizieren.

Die Tabelle auf Seite 27 zeigt Ihnen die Original-Kleinbild-Brennweiten und die jeweils zugehörigen Bildwinkel bei Objektiven an der Canon EOS 300D.

Sicherheit und Schutz für die Canon EOS 300D

Die Canon EOS 300D präsentiert sich vom Äußeren her sehr elegant und schick. So ein Schmuckstück möchte man bestimmt nicht ständig in einer Kameratasche verstecken. Um die Kamera vor Staub und Nässe, aber auch vor Schlägen und Stößen zu schützen, ist eine Bereitschaftstasche als Zubehör aber sehr zu empfehlen. Speziell für die Canon EOS 300D wurde die Tragetasche EH-16L entwickelt: Sie kann die Kamera samt dem EF-S18-55 mm-Objektiv aufnehmen.

Eine wie keine: Die Canon EOS 300D kennen lernen – erste Schritte

Auf den folgenden Seiten werden wir Ihnen keine neue Bedienungsanleitung der Canon EOS 300D geben. Die haben Sie ja beim Kauf Ihrer Kamera schon erhalten. Vielmehr möchten wir Ihnen helfen, sich schnell auf Ihre Kamera »einzuschießen«, damit Sie sich bald über besonders gelungene Aufnahmen freuen können.

Als Grundlage haben wir natürlich die Bedienungsanleitung der Canon EOS 300D genutzt. Mit voller Absicht, denn unsere Ausführungen sollen die Bedienungs-

Tipp:

Trockenübungen am Netz
- alle wichtigen Grundfunktionen mit Hilfe einer Netzsteckdose üben
- Netzteilgarnitur ACK-E2 zur Stromversorgung einsetzen
- ausreichend »Einarbeitungszeit« zum Warmwerden mit der Kamera einplanen

anleitung Ihrer Kamera auf für Sie interessante und sinnvolle Weise ergänzen. Legen wir also los: Wenn Sie Ihren Akku aufgeladen und in die Kamera eingesetzt haben, müssen Sie noch Ihre CF-Karte in den Slot der Kamera stecken. Dann ist die Canon EOS 300D schussbereit für digitale Aufnahmen.

Wenn Sie die Kamera mit dem POWER-Schalter eingeschaltet haben, können Sie in der LCD-Anzeige an der Kamerarückwand die Anzahl der möglichen Aufnahmen ablesen. Wenn Sie mit dem Modus-Wahlrad »Vollautomatische Aufnahme« einstellen, müssten Ihnen auch als fotografischem Neuling schon gute Bilder gelingen. Bei »Vollautomatische Aufnahme« sind alle wichtige Einstelltasten blockiert, so dass

versehentliche Bedienungsfehler ausgeschlossen sind. Die Kamera muss lediglich mit dem Autofokus (AF) scharf stellen und dann auslösen. Als echte Canon-System-SLR kann Ihre EOS 300D aber sehr viel mehr als nur schön auszusehen und einfach zu bedienen sein.

Deshalb lohnt sich ein Blick hinter die Kulissen. Wer die vielfältigen Funktionen der Kamera und die Möglichkeit des Wechselobjektiveinsatzes richtig ausnutzen und in anspruchsvolle Aufnahmen umsetzen möchte, sollte umfassend über Technik und Funktionsweise der Kamera informiert sein.

Nehmen Sie deshalb am besten Ihre Kamera in die Hand und gehen Sie anhand der Bedienungsanleitung jeden einzelnen Schalter oder Knopf durch. Wenn Sie Ihre Kamera voll ausnutzen, müssen Sie über alle Funktionen gut Bescheid wissen.

Tipp:

Signalton
- Ein Piep-Ton (von Canon werkseitig eingestellt) informiert darüber, dass der Autofokus richtig scharf gestellt hat.
- wen's stört: mit der Einstellung [Piep-Ton, aus] am Kamera Menü ausschalten

Datum und Uhrzeit
- Einstellen von Datum und Uhrzeit an der Kamera nicht vergessen → liefern oft wichtige Informationen zur Aufnahme
- Solange die kleine Stützbatterie eingelegt ist, merkt sich die Kamera diese Daten auch ohne eingelegten Li-Ionen-Akku.
- Datum und Uhrzeit werden mit dem Bild abgespeichert und können durch Drücken der INFO-Taste in der Bildwiedergabe angezeigt werden.

Die Canon EOS 300D ganz praktisch: Wichtiges im Überblick

Der analoge AF-SLR-Fotograf hat dank der ausgefeilten Messtechnik schon viele Einstellräder und Knöpfe zu bedienen. Für den Digitalfotografen ist durch die digitale Aufnahmetechnik noch einiges dazu gekommen. Den Technikern und Kameradesignern bei Canon ist es aber gelungen, zur Bedienung der Kamera ein übersichtliches und in sich schlüssiges Konzept zu entwickeln, das auch für den Einsteiger logisch und relativ einfach zu erlernen ist.

Wenn Sie sich Ihre Kamera genauer ansehen, stellen Sie sicher fest, dass man sie bedienungsseitig in zwei Teile gliedern könnte: Da finden sich zum einen alle wichtigen Einstellmöglichkeiten wie sie auch bei analogen SLR-Kameras anzutreffen sind. Äußerlich von vorn betrachtet unterscheidet sich die Canon EOS 300D gar nicht viel von ihrem analogen Schwestermodell, der Canon EOS 300V. Der für digitale Kameras typische Farbmonitor auf der Rückseite und das Fehlen der Klappe zum Filmeinlegen an der Rückwand weisen aber darauf hin, die EOS 300D (D wie »digital«) ist eine digitale SLR-Kamera.

Die Einstellungen und Funktionen, die für die eigentliche digitale Aufnahme und Speicherung notwendig sind, befinden sich an der Kamerarückseite, so dass sie beim kreativen Fotografieren nicht hinderlich sind.

Nehmen wir uns zunächst das rein aufnahmetechnisch notwendige Wissen vor, über das man verfügen sollte, um das SLR-Prinzip der digitalen Canon EOS 300D kreativ nutzen zu können.

Der feststehende Dachkant-Spiegelprismensucher der Kamera zeigt uns ein helles und klares Sucherbild direkt vor den Augen. Er besteht übrigens aus drei Spiegelflächen, die die Funktion eines Vollglasprismas übernehmen. Das reduziert etwas das Gewicht.

Das Sucherbild ermöglicht mit der fest eingebauten Mattscheibe eine gute visuelle Beurteilung der automatisch oder manuell eingestellten Schärfe eines anvisierten Motivs. Allerdings zeigt der Prismensucher nur ca. 95 % des späteren Sensorbildes. Das ist auch bei analogen SLR-Kameras so.

Im Sucherfeld befinden sich die 7 AF-Messfelder, von denen die Kamera eines motivgerecht automatisch auswählt, wenn Sie nicht manuell eines vorgegeben haben. Sobald eine Scharfstellung erfolgt ist, leuchtet innerhalb des aktiven AF-Messfeldes ein kleiner Punkt rot auf. Zusätzlich leuchtet in der unteren Anzeigenleiste der ganz rechts angeordnete Punkt für den Schärfenindikator auf.

Sucheranzeige
1 Mattscheibe
2 AF-Messfeldindikator
3 Messfelder
4 Schärfenindikator
5 Reihenaufnahmen-Anzahl
6 Belichtungsstufenanzeige; Belichtungskorrekturwert; Belichtungsreihenstufe; Anzeige für eingeschaltete Lampe zur Verringerung roter Augen
7 Blendenwert
8 Verschlusszeit; FE-Blitzbelichtungsspeicherung; Datenbearbeitungsanzeige
9 Kurzzeitsynchronisation
10 Blitzbereitschaft; FE-Speicherungswarnung
11 Belichtungsmesswert-Speicher; FE-Blitzbelichtungsspeicherung; AEB aktiv

Tipp:

Augenanpassung

- Sucherokular der persönlichen Sehstärke anpassen
- Rädchen zur Korrektur auf Ihre Sehkraft befindet sich direkt am Sucherokular
- bei Fehlsichtigkeiten zwischen -1 bis +3 Dioptrien (dpt): Fotografieren ohne Brille möglich → sonst: Vorsatzlinsen

Die untere Anzeigenleiste informiert Sie über alle aufnahmeseitig wichtigen Funktionen wie Blende, Verschluss, Blitzbereitschaft, maximale Anzahl der Reihenaufnahmen oder Messwertespeicherung. Damit haben Sie – wie bei analogen AF-SLR-Kameras – alles im Überblick.

Das Sucherokular der Kamera passt sich an die individuelle Sehschärfe an und gleicht damit persönliche Sehkraftfehler aus. Mit dem Dioptrien-Einstellknopf können Sie leichte Fehlsichtigkeiten von -3 bis +1 dpt (Dioptrien) korrigieren.

Eingeschaltet und aktiviert wird die Canon EOS 300D mit einem Hauptschalter. Im LCD-Monitor auf der Kamerarückseite können Sie nun die wichtigen Einstellungen ablesen. Die Elektronik benötigt viel Strom. Sie besitzt deshalb eine automatische Abschaltung, die hilft, den Stromverbrauch zu senken. Am besten ist es, wenn Sie den Monitor abschalten, wenn Sie alle wichtigen Aufnahmeparameter zum Abspeichern der Bilder eingestellt haben.

Wie bei einer analogen Kamera arbeitet auch der Auslöser der Canon EOS 300D in zwei Stufen: Beim Antippen des Auslösers bis zum ersten spürbaren Druckpunkt wird das Meßsystem eingeschaltet. Im LCD-Feld und im Sucher werden jetzt die Verschlusszeit und die Arbeitsblende angezeigt. Auch der Autofokus beginnt zu arbeiten. In der ersten Stufe des Auslösens speichert die Kamera das gemessene Verschlusszeit/Blende-Paar und die Scharfeinstellung des Autofokus. Und wenn die

Auslösetaste vollständig durchgedrückt wird, erfolgt die eigentliche Aufnahme, also die Belichtung des CMOS-Sensors und die anschießende Speicherung des Bildes. Gleich hinter dem Auslöser befindet sich das Haupt-Wahlrad mit verschiedenen Funktionen zum Einstellen der Verschlusszeit und der Blende oder einer bestimmten Kombination von beiden.

Sehr augenfällig auf der Kameraoberseite angebracht ist das große Modus-Wahlrad. Es ermöglicht das schnelle Einstellen eines bestimmten Aufnahmeprogramms.

Der Autofokus (AF)

Die Canon EOS 300D verfügt über ein Hochleistungs-AF-System mit Phasenerkennung und sieben AF-Feldern, die in den Sucher der Kamera eingespiegelt werden. Dabei kann die Kamera je nach Aufnahmesituation vollautomatisch das AF-Feld aussuchen.

In der Programm- [P], Zeit- [Av], Blendenautomatik [Tv] oder bei manueller Belichtung [M] kann man sich das AF-Feld auch individuell per Hand einstellen. Das geht relativ schnell durch Drücken der AF-Messfeld-Auswahltaste [Symbol] und Drehen am Haupt-Wahlrad der Kamera. Erfahrene

Tipp:

Vertrauen ist gut – zentrales Messfeld bestimmen ist besser

- auch wenn Aufnahmen der Automatik anvertraut werden: Festlegen eines zentralen AF-Messfeldes günstig
- Vorteil: Fotograf legt Schärfe selbst auf den Punkt und verhindert, dass Autofokus auf »falschen« Motivbereich scharf stellt

Fokussierring des Objektivs

- wenn die Kamera auf »AF« eingestellt ist, auf keinen Fall Entfernungsring am Objektiv mit der Hand betätigen oder gar beim Fokussieren festhalten, führt unausweichlich zu Schäden am AF-System

Fotografen werden diese individuelle Auswahl sicher bevorzugen. Damit können bestimmte Motive schneller anvisiert werden. Mit seiner hochmodernen Elektronik erledigt der Autofokus die Scharfeinstellung der Kamera sehr viel schneller und exakter als jeder noch so geübte Fotograf mit der Hand. Der Autofokus der EOS 300D funktioniert über einen sehr großen Helligkeits-bereich mit Belichtungswerten von ca. 0,5 bis 18 bei ISO 100/21° und 20 Grad. Bei geringer Helligkeit wird der Autofokus durch das AF-Hilfslicht unterstützt.

Mit der Wahl der Belichtungsprogramme hat man sich auch für eine der möglichen AF-Funktionen entschieden. Der AI-Fokus (automatische Wahl von Schärfen- bzw. Auslösepriorität) wird bei der Vollautomatik, der normalen Programmautomatik [P] sowie der Zeit-[Av] und Blendenautomatik [Tv] genutzt. Diese Funktion steht auch im Manuell-Modus [M] zur Verfügung. Im Motivprogramm Sport kommt immer die Schärfennachführung zum Tragen.

In den anderen Motiv-Programmen und in der Schärfenzonenautomatik ist der AF-Modus mit der Schärfenpriorität gekoppelt. Hier löst die Kamera nur aus, wenn der Autofokus wirklich seinen Schärfepunkt gefunden hat. Im Extremfall macht die Kamera also kein Bild.

Die sieben Messfelder des Canon Hochleistungs-AF-Systems

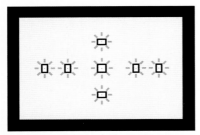

Automatische AF-Messfeldauswahl

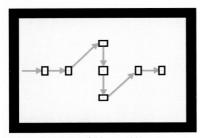

Manuelle AF-Messfeldauswahl

Besonderheiten und Grenzen des Autofokus

Bei aller Hightech und allem Bedienkomfort: Wie alles im Leben hat auch die automatische Scharfeinstellung mit Hilfe des Autofokus-Moduls Grenzen. Der Autofokus ist für einige Aufnahmesituationen weniger geeignet.

Die Leistung des AF-Moduls hängt ganz wesentlich von den Lichtverhältnissen ab. Reicht das Umgebungslicht nicht aus, schaltet sich das AF-Hilfslicht zu und der Autofokus kann wieder arbeiten. Immer klappt aber auch das nicht. In den im folgenden aufgezählten Fällen könnte eine automatische Scharfeinstellung auf das gewünschte Objekt problematisch werden. Wenn der Autofokus nicht erfolgreich scharf stellen konnte, erkennen Sie das daran, dass der Schärfeindikator im Sucher nicht aufleuchtet. In diesem Fall können Sie ein Motiv in ähnlicher Entfernung anvisieren und durch Antippen des Auslösers speichern. Schwenken Sie nun zurück auf Ihr eigentliches

Tipp:

»AF-kritische« Aufnahmesituationen:

Zu geringer Kontrast
Der Autofokus kann nicht scharf stellen, wenn der Farbkontrast zwischen Hauptmotiv und Hintergrund zu gering ist. Das kommt beispielsweise vor, wenn eine Person fotografiert werden soll, die ein Kleidungsstück in der Hintergrundfarbe trägt (weiße Bluse vor weißer Wand).

Gleichmäßige Objektstrukturen
Gleichmäßig strukturierte, formatfüllende Motive machen dem Autofokus ebenfalls zu schaffen. Das könnte zum Beispiel die gleichmäßige Fensterfront eines Gebäudes sein.

Motive mit mehreren Entfernungsebenen
Auch wenn Sie ein Motiv mit mehreren Entfernungsdimensionen fotografieren wollen – beispielsweise ein Objekt durch ein Gitter hindurch, Personen bzw. Tiere in einem Wald oder ein Objekt in einem Spiegel – hat die automatische Scharfeinstellung Probleme.

Große Helligkeitsunterschiede
Problematisch für den Autofokus sind auch Aufnahmen mit großen Helligkeitskontrasten, wie z.B. Gegenlichtaufnahmen oder Motive vor einem sonnenbeschienenen Hintergrund und viel Schatten im Vordergrund.

In diesen Fällen sind Ihre manuellen Fertigkeiten beim Fokussieren gefragt. Die Scharfeinstellung mit der Hand erfolgt am Entfernungsring des Objektives. Aber nochmals, Vorsicht! Wenn Sie mit der Hand am Entfernungsring scharf stellen wollen, darf die Kamera auf keinen Fall im AF-Modus stehen. Überprüfen Sie bitte vorher, ob der Fokussierschalter am Objektiv in der Stellung »MF« (manuell) steht. Leichter haben Sie es hier bei Ultraschall-Objektiven. Diese lassen ein manuelles Eingreifen während des Fokussierens zu.

Motiv und versuchen Sie jetzt nochmals auszulösen. Sollte das wieder nicht gelingen, müssen Sie den AF-Modus verlassen. Schalten Sie dazu den Fokussierschalter des Objektivs auf »MF« (manuelle Fokussierung) um und stellen die Schärfe nun mit der Hand, durch Drehen am Entfernungsring des Objektivs ein.

Die TTL-Messung

Die aufwändige TTL(through-the-lens)-Messung der Canon EOS 300D ist natürlich auf der Höhe der Zeit und führt mit ihrer 35-Punkt-Matrix unter allen möglichen Lichtsituationen zu guten Bildern. Über 35 Messpunkte erhält die Kamera eine Fülle von Informationen über die Verteilung von Helligkeit, Farbe und Kontrastumfang im Motiv. Im einzelnen können Sie unter drei Messmethoden auswählen:

* Mehrfeldmessung
* mittelbetonte Integralmessung und
* Selektivmessung (Spotmessung).

Die **Mehrfeldmessung** ist die in der Kamera standardgemäß eingeschaltete Messfunktion. Sie eignet sich für die meisten Motive

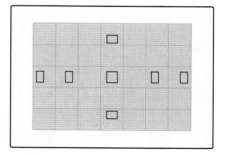

Mehrfeldmessung mit Ihren 35 Messzellen

Tipp:

Extreme Lichtsituationen
* elektronische/automatische Lichtmessung schafft extreme Lichtsituationen (z.B. im Sonnenlicht strahlende Gebäude, blendend weißer Schnee, Gegenlichtaufnahmen) oft nicht. Ergebnis: meist unterbelichtete Aufnahmen
* sehr dunkle Motive werden hin und wieder auch falsch belichtet
* Hilfsmittel: Erfahrungen sammeln und eine Graukarte einsetzen

Tipp:

Graukarte mit 18 Prozent Reflektion
- bei schwierigen Lichtverhältnissen auch mit der digitalen EOS 300D Graukarte einsetzen
- spezielle, auf digitale Aufnahme abgestimmte Neutral-Graukarte besorgen → verhilft zu farblich sauberer Arbeit
- TTL-Messung (entspricht der klassischen Objektmessung) auch auf 18 Prozent Reflektion abgestimmt

Überbelichtung vermeiden
- Lichtsensor reagiert immer noch grantig auf Überbelichtung
- Blooming-Effekt: überschüssiges Licht erzeugt zu viele Ladungen im CCD-Sensor, die einfach überlaufen und in benachbarten Lichthalbleitern aufgefangen werden.
- exakte Belichtung ist auch bei der Canon EOS 300D der Garant für gute Bilder

mit normalem Kontrastumfang (Normalobjekt 1 : 32 bis 1 : 64). Die Kamera versucht dabei mit ihren 35 Messzellen über das gesamte Bildfeld eine optimales Zeit/Blenden-Paar zur exakten Belichtung des Motivs zu finden.

Die **Selektivmessung** konzentriert sich auf ein zentrales Messfeld, das ca. 9 Prozent des Sucherbildes ausmacht. So ist eine ganz genau auf das Motiv bezogene Messung der Lichtverhältnisse möglich. Sie dient häufig auch zur Kontrastmessung. Die

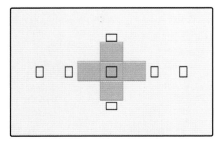

Selektivmessung, das Messfeld wird auf ca. 9% des Sucherfeldes reduziert

Spotmessung wird von vielen fortgeschrittenen Fotografen bevorzugt, die sie bei vielen Motiven wie Porträts oder Landschaften mit hohen Kontrasten nutzen. Die Selektivmessung wird in den Kreativ-Programmen bei der Speicherung des Belichtungsmesswertes automatisch eingestellt und so durch Druck auf die Messwertspeichertaste [Stern AV-Symbol] in den Belichtungsprogrammen Programm- [P], Zeit-[Av], Blenden-[Tv] und Schärfenzonenautomatik [A-DEP] sowie bei der manuellen Nachführmessung [M] die Spotmessung aktiviert. Sie ermöglicht so nun für einen eng begrenzten Motivausschnitt die Belichtung exakt abzustimmen. Die **mittenbetonte Integralmessung** wichtet ihren Mess-Schwerpunkt auf den zentralen

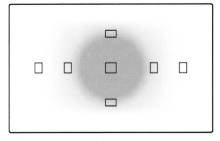

Mittenbetonte Integralmessung

Bereich des Sucherbildes, während das übrige Bildfeld integral erfasst wird und so in die Messung mit einfließt. Diese weit verbreitete Messmethode wird bei der manuellen Messung (M) automatisch eingestellt.

Die Aufnahmeprogramme

Mit dem Modus-Wahlrad können Sie die einzelnen Belichtungsfunktionen einstellen. Dabei bezeichnet Canon in der Bedienungsanleitung alles oberhalb der Vollautomatik als Kreativ-Programme und alles unterhalb der Vollautomatik als Normal-Programme (Motivbereich). Erfahrene Fotografen werden sich über diese Einteilung

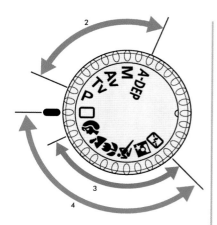

Modus-Wahlrad
1 Vollautomatik   3 Normalprogramme
2 Kreativprogramme   4 Motivbereich

vielleicht wundern. Wir wollen uns davon
nicht verwirren lassen und schauen einmal,
was dahinter steckt.

Mit der Canon EOS 300D sollen ambitionierte Fotografen unter vielen Bedingungen
zu guten Bildern kommen, ohne über ein
allzu großes Fachwissen verfügen zu müssen.

Unterhalb des Modus-Wahlrades befindet sich, wie schon gesagt, der »Motivbereich«. Er bietet Ihnen einige fertig zusam-
mengestellte Belichtungsvarianten an. Die
Kamera entscheidet dann allerdings ganz
allein, wie belichtet werden soll und worauf
der Autofokus scharf stellen soll. Sie haben
keine Möglichkeit mehr, selbst einzugreifen.
Wenn der Kamera das Licht nicht ausreicht
und der Autofokus nicht mehr fokussieren
kann, schaltet sich automatisch der Blitz zu.
Nur in den Einstellungen »Landschaft« und
»Sport« klappt das Blitzgerät nicht heraus.

Natürlich sorgen die Belichtungsprogramme im Motivbereich dafür, dass Sie nichts
»falsch« machen können. Die ganzen vielfältigen Einstellmöglichkeiten Ihrer Kamera
können Sie damit allerdings gar nicht richtig nutzen.

Dennoch wollen wir uns die Belichtungsfunktionen des Motivbereichs genauer
ansehen.

Das Rechteck – vollautomatisch fotografieren

Für die »vollautomatische Aufnahme« müssen Sie das Modus-Wahlrad nur auf die
rechteckige Markierung drehen und die
Kamera macht alles allein. Sie müssen
lediglich noch mit einem der sieben AF-
Messfelder im Sucher das Hauptmotiv
anvisieren, den Auslöser halb herunterdrü-
cken und fokussieren lassen. Leuchtet der
kreisförmige Schärfeindikator im Sucher der
Kamera auf, können Sie den Auslöser voll
durchdrücken. Den ganzen Rest erledigt
Ihre Kamera für Sie. Sie arbeitet praktisch
wie eine Kompaktkamera ohne Einstellmög-
lichkeit.

Sie müssen nur den Autofokus richtig auf
Ihr Hauptmotiv positionieren. Aber Vorsicht:
Da die Tasten für die Funktionen Weißabgleich, ISO-Einstellung, Messwertspeiche-
rung und AF-Messfeldwahl gesperrt und
auch ein Shiften von Blende/Verschlusszeit-
Paar nicht möglich sind, sind jegliche Korrekturen der Aufnahme unmöglich.

Die Funktion »vollautomatische Aufnahme«
empfiehlt sich deshalb wirklich nur für Ein-

Tipp:

**Programmautomatik statt vollautomati-
scher Aufnahme**

- für Einsteiger: besser mit Programmautomatik [P] als mit Vollautomatik arbeiten
- Programmautomatik ist, abgesehen vom
  Schutz vor dem versehentlichen Verstellen
  von Funktionen, der vollen Automatik
  gleichgestellt, lässt aber wichtige Eingriffe
  zu (insbesondere das Shiften von einer
  Blenden/Zeit-Kombination unter Beibehaltung der zur Belichtung notwendigen
  Lichtmenge)
- Speichertaste zum Speichern eines
  Zeit/Blende-Paares bleibt für Vergleichs-
  messung aktiv

steiger und Anfänger. Sie hat den Vorteil, dass auch durch ein versehentliches Verstellen nichts geändert wird.

Die Motivprogramme

Neben der vollautomatischen Belichtung bietet die Canon EOS 300D sechs Motivprogramme, die Sie, entsprechend Aufnahmesituationen und Motiv einstellen können. Die Kamera versucht dann, das beste Ergebnis zu erzielen. Bei den Motivprogrammen handelt es sich praktisch um spezielle Varianten der Programmautomatik. Das heißt, die jeweilige Charakteristik ist

Als Motivprogramme können Sie wählen:

 Porträt,

 Landschaft,

 Nahaufnahme,

 Sport,

 Nachtaufnahme und

 Blitz aus.

vorgegeben. Allerdings werden in den Motivprogrammen – verglichen mit der Programmautomatik – bestimmte Eigenschaften hervorgehoben. Die Motivprogramme sind sozusagen »Ableger« der Programmautomatik mit Besonderheiten. So spielt bei einigen Motivprogrammen vor allem eine kurze Belichtungszeit eine Rolle, in anderen Varianten geht es mehr darum, den Einfluss der Blende auf die Schärfentiefe auszunutzen. Wenn Sie ein Motivprogramm nutzen, kann sich die Programmautomatik präzise auf eine ganz spezifische Aufnahmesituation einstellen. Das Einstellen aller Motivprogramme erfolgt mit dem Modus-Wahlrad. Das jeweilige Symbol muss dabei dem Strich genau gegenüber stehen.

Bei einer Programmverschiebung wird die Charakteristik der Programmautomatik geändert. Die Kombination von Blende und Belichtungszeit wird – entgegen den vorgegebenen Abläufen der Programmautomatik – verschoben. Bei einer reinen Programmautomatik haben die Programmverschiebungen durchaus ihren Sinn. Will man in einem Motivprogramm mit einer Verschiebung arbeiten, so muss man sich vor allem darüber im klaren sein, dass man dadurch eventuell die prinzipielle Charakteristik des Motivprogramms grundlegend verändert: So ist zum Beispiel das Porträtprogramm auf möglichst große Blendenöffnungen ausgelegt. Eine Verschiebung nach kleineren Blendenöffnungen würde dafür sorgen, dass das Hauptziel dieses Programms – geringere Schärfentiefe – umso mehr verfehlt wird, je stärker in der Programmverschiebung die Blendenöffnung geschlossen würde. In diesem Punkt ist also größtmögliche Vorsicht angesagt.

Die Kreativprogramme

Die genaue Funktionsweise der Kreativprogramme zu erläutern, sprengt den Rahmen dieses Buches und setzt ein großes Hintergrundwissen voraus. Wenn Sie allerdings mit den Kreativprogrammen arbeiten wollen, die bei der Canon EOS 300D oberhalb des Modus-Wahlrades angeordnet sind, müssen Sie einige wichtige Zusammenhänge von Blende und Verschluss kennen. Hinter den Kreativprogrammen verbergen sich bei der Canon EOS 300D die eigentlich grundlegenden Belichtungsfunktionen einer SLR-Kamera.

Die Blende

Die in jedem Objektiv eingebaute Blende dient der Dosierung des Lichtes. Die Größe der Blende regelt die Lichtmenge, die zur exakten Belichtung des CMOS-Sensors notwendig ist. Damit funktioniert die Blende in einem Fotoapparat wie die Iris des menschlichen Auges. Sie wird deshalb häufig auch Irisblende genannt.

Mit Hilfe zahlreicher hauchdünner Metalllamellen bildet die Blende eine mehr oder weniger große kreisrunde Öffnung, durch die das Licht auf den Chip fällt.

Wir wollen uns hier nicht mit der Herleitung der internationalen Blendenreihe beschäftigen. Wissen muss man aber, dass beim Wechsel von einer dieser Blendenstufen zur nächst höheren die Fläche des Kreises genau um die Hälfte verkleinert wird.

Wer das überprüfen möchte: z.B. Blende 2,8 mit dem Faktor $\sqrt{2}$ zu multiplizieren, erhält das Ergebnis die nächste Blendenstufe 4.

Kreative Fotografen nutzen diesen Zusammenhang oft und haben die Blendenreihe deshalb meist schnell intus.

An der Canon EOS 300D können Sie die Blenden in Drittelstufen einstellen.

Der Verschluss

Der Schlitzverschluss ist ein weiteres wichtiges Steuerungselement zum Dosieren der Lichtmenge. Er ist für die richtige Belichtungszeit verantwortlich. In der Canon EOS 300D befindet sich ein elektronisch gesteuerter Schlitzverschluss, der Belichtungszeiten von 30 Sekunden bis zu einer viertausendstel Sekunde ermöglicht. Er befindet sich

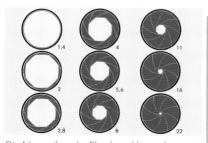

Die Normreihen der Blendenzahlen und – am Beispiel eines Öffnungsdurchmessers – die dazugehörigen Blendenöffnungen.

Tipp:

Blitzsynchronzeit

- bei Verwenden des eingebauten oder eines externen Canon-systemkompatiblen Blitzgerätes → Kamera stellt sich automatisch auf die Blitzsynchronzeit von ¹⁄₂₀₀ Sekunde ein
- bei nichtkompatiblen Blitzgeräten nicht!

unmittelbar vor dem Bildsensor.

Wie die für die Blendenreihe gibt es auch für die Belichtungszeiten einen Standard. Der Schritt von einer längeren Belichtungszeit zur nächst kürzeren entspricht einer Halbierung der Zeit. Internationale Zeitenreihe: 1 s, ½ s, ¼ s, ⅛ s, ¹⁄₁₅ s, ¹⁄₃₀ s, ¹⁄₆₀ s, ¹⁄₁₂₅ s, ¹⁄₂₅₀ s, ¹⁄₅₀₀ s, ¹⁄₁₀₀₀ s, ¹⁄₂₀₀₀ s, ¹⁄₄₀₀₀ s

Sie können auch Dauerbelichtung (Langzeitbelichtung = bulb) einstellen. Die gewählte Verschlusszeit hat großen Einfluss auf Schärfe und Qualität des späteren Bildes. Zu lange Verschlusszeiten können zu Verwackelungsunschärfen führen.

Für schärfere Bilder können Sie sich an den folgenden Richtwerte für Belichtungszeiten in unterschiedlichen Aufnahmesituationen orientieren: Natürlich kann die Ver-

Tipp:

Freihändig fotografieren

- Freihändig nicht länger als eine Dreißigstel Sekunde belichten
- bei längeren Belichtungszeiten ein Stativ einsetzen

Brennweite bei Zoomobjektiven

- lange Brennweite: größere Gefahr von Verwackelungsunschärfe
- Einstellungen mit Telebrennweiten erfordern viel Übung
- Faustformel: Die am Zoomobjektiv eingestellte Brennweite bestimmt die längste mit der Hand realisierbare Verschlusszeit. Zum Beispiel: Brennweite = 200 mm → Verschlusszeit nicht länger sein als ¹⁄₂₅₀ Sekunde.

schlusszeit als wichtiges kreatives Gestaltungsmittel auch dazu genutzt werden, Bilder bewusst unscharf zu machen. Nicht immer sind knackige Schärfen gewollt.

Die richtige Belichtung

Die Blende im EF-Objektiv und der Verschluss in der Canon EOS 300D dosieren die Lichtmenge, die für eine Belichtung Ihrer Aufnahmen auf den CMOS-Sensor »fällt«.

Richtwerte für bewegte Motive

Porträts von ruhig spielenden Kindern, Einzelpersonen oder Menschengruppen, Architektur, Gebäude und Landschaften	⅟₆₀ Sekunde
Fußgänger, vom Wind bewegte Bäume, arbeitende Menschen	⅟₁₂₅ Sekunde
spielende Kinder, Stadtverkehr	⅟₂₅₀ Sekunde
Sportaufnahmen, Autorennen, Pferdesport, Motorradrennen	⅟₅₀₀ – ⅟₁₀₀₀ Sekunde

Die Belichtung erfolgt exakt, wenn die richtige Kombination zwischen Verschlusszeit und Blende gefunden und eingestellt wird. Dabei hilft die in die Kamera eingebaute computergesteuerte TTL-Messung mit ihren 35 Messfeldern.

Wie wir bereits geklärt hatten, müssten Sie sich bei Nutzung der vollen Programmautomatik gar nicht darum kümmern. Wer immer mit den Ergebnissen der vollautomatischen Belichtung zufrieden ist und selbst keine weiteren Funktion einstellen möchte, muss sich über Fragen des richtigen Verschlusszeit-Blende-Paares keine Gedanken machen. Aber wer ist schon immer zufrieden. Deshalb sollten Sie die Bedeutung von

Einige Beispiele für mögliche Fehlbelichtungen bei der Vollautomatik:

- Gegenlichtaufnahmen führen fast immer zu unterbelichteten Bildern. Deshalb: nicht in die Sonne hinein fotografieren. Die Lichtquelle im Rücken des Fotografen kann das Motiv richtig ausleuchten.

- Motive mit einem ungewöhnlich großen Bereich dunkler Töne (z.B. helle Motive vor einem dunklem Hintergrund) bereiten der vollautomatischen Belichtung Probleme.

- Motive mit einem hohen Kontrastumfang (z.B. Durchblick durch Tore, durch Fenster) machen der automatischen Belichtung ebenfalls Schwierigkeiten → Hintergrund meist überbelichtet

- Herausforderung: Winterbilder mit Schnee und strahlender Sonne. Blaustich auf Winterbildern ist Zeichen für eine Unterbelichtung. Deshalb: möglichst nah an das eigentliche Motiv heran, dafür weniger Schneelandschaft mit abbilden.

- Probleme wie im schneereichen Winter treten auch bei Aufnahmen am weißen Strand in glühender Sonne auf. Auf die automatische Belichtung ist hier ebenfalls kein Verlass.

- Landschaftsaufnahmen: bei zu viel strahlend blauem Himmel auf dem Bild droht nicht nur Langeweile, sondern auch die Gefahr erheblicher Unterbelichtung.

- Wenn in der Nähe des Motivs ein grüner Baum steht → Messen Sie ruhig dieses Grün. Es darf aber nicht im Schatten liegen. In vielen Fällen stellt sich darauf die richtige Belichtungszeit ein.

Blende und Verschluss kennen und verstehen. Denn: Sie können die Automatik abschalten. Sie können Blende und Verschluss ganz nach Ihren persönlichen Vorstellungen einsetzen und so Ihre Bilder noch perfekter oder einmal ganz anders belichten.

Das TTL-Belichtungssystem der Canon EOS 300D arbeitet nach dem Prinzip der sogenannten Objektmessung, auch Leuchtdichtemessung. Dabei werden die Farbstrahlung und der Kontrast des vom Motiv reflektierten Lichtes gemessen. Das ist im übrigen die am häufigsten angewendete Methode für die Belichtungsmessung. Das »Gegenstück« zur Objektmessung ist die Lichtmessung. Sie erfordert einen Handbelichtungsmesser, auch Spotmeter genannt, und wird bevorzugt von Profifotografen bei der Großformatfotografie und Studioblitztechnik angewandt.

Die Objektmessung kann in einigen Situationen zu Fehlmessungen führen. Wer diese, von den »normalen« Lichtverhältnissen abweichenden Situationen kennt, kann das vom Kameracomputer aufgrund der Fehlmessung ausgewählte Zeit-Blende-Paar durch manuelle Einstellung von Verschlusszeit und Blende korrigieren.

Der Vollständigkeit halber nochmals der Hinweis: Das Messsystem der Canon EOS 300D ist auf 18 Prozent Reflektion abgestimmt. Das entspricht dem Erfahrungswert eines mittleren Graus (Normalobjekt) mit mittleren Kontrasten.

Erfahrene Fotografen schwören deshalb auch bei der digitalen Fotografie auf eine Graukarte!

Gestalten mit der Schärfentiefe

Beim Fotografieren treffen Sie immer wieder auf folgendes Problem: Ihr Motiv hat nicht nur eine Ausdehnung in Länge und Breite, sondern auch eine Tiefe. Das Kameraobjektiv soll diese dritte Dimension eines Fotomotivs – die Tiefenausdehnung – auch möglichst korrekt und scharf auf dem kleinen zweidimensionalen Lichtsensor abbilden Das gelingt zwar, aber in unterschiedlicher Qualität.

Wie gut oder wie schlecht die Schärfe eines Motivs dargestellt werden kann, hängt von der Blende am Objektiv ab. Das Kameraobjektiv kann bei offener Blende (kleine Zahl, z. B. 2,8) die Schärfe eines Motivs nicht über dessen gesamte Ausdehnung darstellen. Streng genommen kann

Die Schärfentiefe im Bild wird durch Blendenöffnung, Brennweite, und Aufnahmeabstand beeinflusst. Das linke Bild entstand mit kleiner Blendenöffnung und langer Belichtungszeit, das rechte Bild mit offener Blende und kurzer Belichtungszeit.

Richtwerte für die Schärfentiefe

große Schärfentiefe:	geringe Schärfentiefe:
• bei kurzen Brennweiten	• bei langen Brennweiten
• bei geschlossener Blende (große Zahl)	• bei offener Blende (kleine Zahl)
• bei großer Aufnahmeentfernung	• bei kurzer Aufnahmeentfernung

ein Objektiv bei offener Blende nur eine einzige Ebene scharf abbilden. Abhängig von der Blendegröße hat man aber eine bestimmte Tiefe. Der Fachmann nennt dieses Phänomen Schärfentiefe. Es gehört zu den grundlegenden bildgestalterischen Möglichkeiten in der Fotografie.

Wir erinnern uns: Die größte Öffnung am Objektiv (kleinste Zahl) ist die Lichtstärke und die Anfangsblende. In dieser Stellung ist der Bereich der Schärfe in dreidimensionalen Motiven am geringsten. Man spricht deshalb auch von Punktschärfe. Bei offener Blende (Anfangsblende) lässt das Objektiv

Tipp:

Schärfentiefekontrolle auf der Mattscheibe

- moderne TTL-Messtechnik ermittelt das passenden Zeit/Blendepaares ohne, dass die Blende dabei geschlossen wird
- vor der Aufnahme Abblendtaste drücken → Blende schließt sich, Schärfe kann durch den Sucher auf der Mattscheibe begutachtet werden
- Abblendtaste der Canon EOS 300D befindet sich unterhalb der Objektivverriegelung

Schärfentiefe

- Bereich der Schärfentiefe nimmt mit kleiner werdender Aufnahmediagonale (Kleinbild-Diagonale 42 mm, CMOS-Chip 27,3 mm) zu
- digitale Canon EOS 300D größere mögliche Schärfentiefe als Kleinbild-Format-Kamera

am meisten Licht durch. Wenn Sie mit offener Blende ein Gesicht fotografieren, kann es schon passieren, dass das Bild nicht von vorn bis hinten sondern nur in der Mitte scharf wird (= Punktschärfe). Das Objektiv kann die Tiefe des Gesichts nicht in gesamten Bereich darstellen.

Wie kann man aber in solchen Fällen zu »durchgehend« scharfen Bildern kommen? Der Trick ist ganz einfach: Je kleiner die Blendenöffnung des Objektives wird, um so mehr können nahe und weiter entfernte Details scharf abgebildet werden. Das Objektiv kann seine Schärfenausdehnung erweitern. Für eine gute Schärfentiefe muss das Objektiv also abgeblendet werden, indem eine kleinere Öffnung (große Blendenzahl, z.B. 8) eingestellt wird. So fällt weniger Licht durch das Objektiv auf den CMOS-Sensor. Hier beißt sich aber sozusagen die Katze in den Schwanz. Wer eine hohe Schärfentiefe will und deshalb sein Objektiv abblendet, muss durch weniger Licht bezahlen. Das entstehende Manko an Licht muss durch längere Verschlusszeiten ausgeglichen werden.

Kreativprogramme unter der Lupe

Die Programmautomatik P
Die Programmautomatik liefert ein gutes Durchschnittsmaß an Belichtungen und ist für die Mehrzahl an fotografischen Aufgaben richtig.

Sie stellen die Programmautomatik ein, indem Sie das Modus-Wahlrad so lange drehen, bis das Symbol »P« gegenüber dem Strich steht.

Wer hier jedoch individuell Einfluss nehmen will, kann mit der Programmverschiebung – im Englischen kurz »Shift« – arbeiten. Sinn und Zweck dabei ist, die Charakteristik einer Programmautomatik zu verändern. Vereinfacht gesagt heißt das, dass

Bei Porträts und Motiven, die sich deutlich vom Hintergrund abheben sollen, verwendet man neben einer längeren Brennweite eine offene Blende. So hat man eine geringe Schärfentiefe

Im Beispiel sehen Sie links, dass die Schärfe auf der Statue liegt, die der Fotograf deutlich vom Hintergrund abheben wollte. Das wird durch eine geringe Schärfentiefe (Blende auf, kleine Zahl) erreicht. Eine sehr hohe Schärfentiefe dagegen (geschlossene Blende, große Zahl) führt zum »Zusammenschmelzen« von Vorder- und Hintergrund

Tipp:

Shiften

- Shiften führt zu »Sonderkombinationen« von Blende und Verschluss
- kleinere Blendenöffnungen für mehr Schärfentiefe.
- größere Blendenöffnungen, wenn ein selektive Schärfe auf zentralem Motiv liegen soll, um dieses plastisch hervorzuheben
- längere Belichtungszeiten, um auch bei schlechtem Licht, abends oder nachts noch gute Bilder zu erhalten
- längere Belichtungszeiten für kreative Nutzung von Bewegungsunschärfen, wenn z.B. ein »harmonisch verwackeltes« Bild entstehen soll
- kürzere Belichtungszeiten – weniger Bewegungsunschärfe

Blende/Belichtungszeit-Paare eingestellt werden, die nicht der »normalen«, vorausberechneten Vorgabe entsprechen.

So können Sie mit einer Verschiebung dafür sorgen, dass entgegen der Vorgabe kleinere Blendenöffnungen benutzt werden. Zugleich wird dann bei einer Verschiebung nach den kleineren Blendenöffnungen die Belichtungszeit verlängert. Analog dazu kann nach größeren Blendenöffnungen verschoben werden, wobei eine Verkürzung der Belichtungszeit erfolgt. Bei den Kombinationsänderungen kann entweder das Verschieben der Blendenöffnung das Experimentieren mit der Belichtungszeit zentrale Absicht sein. Anfängern und natürlich auch den ab und zu nach Bequemlichkeitsregeln arbeitenden Fotografen bietet die Programmautomatik viele Vorteile.

Die Blendenautomatik Tv

In der Blendenautomatik können Sie, entsprechend Ihren gestalterischen Ambitionen, selbst eine Verschlusszeit vorwählen. Damit entscheiden Sie beispielsweise darüber, ob bewegte Objekte »eingefroren« werden oder ob sie unscharfe Konturen erhalten.

Sie stellen die Blendenautomatik ein, indem Sie das Modus-Wahlrad so lange drehen, bis das Symbol »Tv« gegenüber dem Strich steht. Das Symbol »Tv« erklärt sich aus dem englischen »Time Value« (Zeitwert).

Im Belichtungsprogramm »Blendenautomatik« hat die Einstellung der Verschlusszeit Vorrang. Die Einstellung der zur vorgewählten Verschlusszeit passenden Blende übernimmt der Kameracomputer.

Wenn Sie in der Blendenautomatik arbeiten, können Sie mit dem Haupt-Wahlrad die Belichtungszeit selbst wählen – im Bereich zwischen 30 Sekunden (längstmögliche Belichtungszeit) und 1/4000 Sekunde (kürzeste Belichtungszeit). Die Belichtungsdaten werden dann im LCD-Feld über dem Monitor und im Sucher angezeigt.

Vor allem die Sucheranzeige ist wichtig. Hier werden nicht nur die vorgewählte Belichtungszeit und die dazu passend eingesteuerte Blende angezeigt. Wenn Sie bestimmte Grenzwerte überschreiten – vor allem die maximalen und minimalen Blendenwerte des Objektivs, mit dem Sie gerade arbeiten – beginnt bei einer möglichen Unterbelichtung die größte Blende (kleine Zahl) zu blinken. Ist im Gegensatz dazu mit einer Überbelichtung zu rechnen, blinkt die kleinste Blende des Objektivs (große Zahl). Mit Hilfe des Haupt-Wahlrades können Sie dann schnell die Blende korrigieren.

Dabei müssen Sie nicht auf die korrekte Einstellung gelangen. Die Kamera löst auch in jedem anderen Fall aus. Abweichungen von der korrekten Belichtung sollten sich jedoch möglichst in engen Grenzen – eine

halbe oder eine ganze Blendenstufe – halten. Mit der Blendenautomatik arbeitet man vor allem dann, wenn das Einhalten vorausgewählter Belichtungszeiten sehr wichtig ist. Dabei müssen Sie dann nicht über Gebühr auf die zugesteuerte Blende achten. Die Warnungen vor Unter- oder Überbelichtung sollte man allerdings auf keinen Fall ignorieren.

Die Vorwahl von Belichtungszeiten in der Blendenautomatik ist vor allem zu empfehlen, wenn Sie bewegte Motive scharf abbilden oder wenn Sie mit einer bestimmten Bewegungsunschärfe arbeiten wollen.

Die Zeitautomatik Av

Wenn Sie die Zeitautomatik (Av) nutzen, liegt es ganz in Ihrer Hand, Blende selbst zu bestimmen. Das kann eine Rolle spielen, wenn Sie beispielsweise das Hauptmotiv durch einen unscharfen Hintergrund besonders betonen oder die Schärfe auf einen größeren Bereich ausgedehnt wollen.

Wenn es richtig schnell gehen soll, kann man der Programmautomatik vertrauen.

Sie stellen die Zeitautomatik ein, indem Sie das Modus-Wahlrad so lange drehen, bis das Symbol »Av« gegenüber dem Strich steht. Die Zeitautomatik wird durch ein »Av« (Aperture value = Blendenwert) symbolisiert. In diesem Programm hat die Vorwahl der Blende Vorrang. Die zur gewählten Blende passende Belichtungszeit wird automatisch vom Kamera-Computer eingesteuert.

Wenn Sie die Zeitautomatik an Ihrer Kamera eingestellt haben, können Sie mit dem Haupt-Wahlrad die gewünschte Blende einstellen. Der Kameracomputer liefert die dazu passende Belichtungszeit. Welches die kleinste und welches die größte vorwählbare Blende sind, hängt davon ab, welches Objektiv Sie an Ihre Kamera angesetzt haben. Blinkt die jeweils längste Verschlusszeit [30] im Sucher auf, warnt Ihre Kamera Sie vor einer Unterbelichtung.

Wird der Grenzwert für eine Überbelichtung erreicht, beginnt die jeweils kürzeste Belichtungszeit [4000] im Sucher zu blinken.

Die Vorteile der Zeitautomatik zeigen sich überall dort, wo es darum geht, die Schärfentiefe zu begrenzen oder zu erweitern. Außerdem verhilft die Zeitautomatik zu guten Schnappschüssen. – Dazu tragen vor allem eine offene Blende und lange Brennweiten bei.

Die Schärfentiefeautomatik A-DEP

Die Schärfentiefeautomatik A-DEP (Auto-Depth of Field) sucht mit Hilfe der sieben AF-Messfelder bei einem Motiv automatisch den größtmöglichen Schärfentiefebereich aus. Das erleichtert die richtige Einstellung der Blende und zugehörigen Belichtungszeit für einen maximalen Bereich der Schärfe im Motiv. Behalten Sie aber auf jeden Fall im Sucher aufmerksam die für den notwendigen Schärfebereich eingestellte

Blende mit der dazu gehörigen Belichtungszeit im Auge. Bei extremen Überschreitungen warnt natürlich die Kamera vor Fehlbelichtungen oder möglichen Unschärfen.

Die Belichtungskorrektur

Genau richtig für experimentierfreudige Fotografen ist die Möglichkeit der Belichtungskorrektur in den Kreativprogrammen der Canon EOS 300D.
Sie erfolgt durch Einstellen eines Korrekturfaktors. Wenn Abweichungen von der Standard-Belichtungszeit notwendig werden, leistet die Belichtungskorrektur gute Dienste, so z.B. bei extremen Gegenlichtaufnahmen oder bei bewusst gewünschten Unter- oder Überbelichtungen.

Eine Belichtungskorrektur kann nur in der Programm-, Zeit-, Blenden- oder Schärfentiefenautomatik vorgenommen werden. In diesen Programmen müssen Sie bei eingeschalteter Kamera die Belichtungskorrekturtaste drücken und gleichzeitig durch Drehen des Haupt-Wahlrades eine Stufe von −2 (Unterbelichtung) bis +2 (Überbelichtung) einstellen.

Belichtungsreihenautomatik (AEB)

In dieser Funktion kann Ihre Kamera automatisch drei aufeinander folgende Aufnahmen machen und dabei die von Ihnen in Drittelstufen gewählten Belichtungskorrekturen ausführen. Das erfolgt so schnell hintereinander, dass Sie sich weiter voll auf das

Damit der Fotograf hier den Wassertropfen im Fallen aufnehmen konnte, war eine extrem kurze Belichtungszeit und Reaktionsschnelle gefragt

Motiv konzentrieren können. Sie finden diese Funktion unter der Registrierkarte Kamera. Wählen Sie hier die AEB-Funktion aus. Anschließend können Sie den Streu-

Für maximale Schärfe vom Vorder- bis zum Hintergrund muss die Blende geschlossen werden

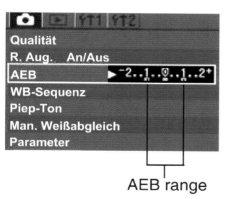

AEB range

wert der Belichtungskorrektur in Drittelstufen bestimmen. Wenn Sie nun auslösen, macht die Kamera rasch nacheinander drei Aufnahmen mit der exakten und den von ihnen bestimmten Unter- und Überbelichtungen.

In der Literatur finden Sie für diese Funktion auch häufig die Bezeichnung Bracke-

Wenn man sich auf ein Porträt konzentrieren und die Schärfentiefe gering halten muss, arbeitet man mit offener Blende, so wie hier beim Porträt des Big-Band-Leiters Günter Gollasch

Tipp:

Aufnahmeserie

- Hintergrund heller als Hauptmotiv → Pluskorrektur.
- Hintergrund dunkler als Hauptmotiv → Minuskorrektur.
- Aufnahmeserie von mindestens drei Aufnahmen anfertigen, um ganz sicher zu gehen (einmal mit unkorrigiertem Zeit/Blende-Paar, einmal nach oben und einmal nach unten korrigiert).
- Belichtungsreihenautomatik schießt drei Bilder, bei denen Belichtungsparameter (Streuwert, Standard-, Über- und Unterbelichtung) selbst vorgegeben werden können.

Belichtungskorrektur zurückstellen

- Wenn Sie eine selbst eingestellte Belichtungskorrektur nicht mehr brauchen, setzen Sie diese unbedingt wieder auf Null zurück. Der Kameracomputer merkt sich sonst diese von Ihnen gewählte Abweichung (auch bei ausgeschalteter Kamera).

ting. Mit der AEB-Funktion gelingen auch bei schwierigen Lichtverhältnissen ohne große Mühe exakt belichtete Bilder. Fehlbelichtete Bilder können Sie ja ohnehin gleich löschen.

Manuelle Belichtungssteuerung – Nachführmessung

Die manuelle Belichtungssteuerung [M] bietet dem kreativen Individualisten viel Freiheit bei höchstem Komfort. In der manuellen Belichtungsfunktion schaltet die Canon EOS 300D automatisch in die mittelbetonte Messung. Diese klassische Messmethode, auch Nachführmessung genannt, liefert erfahrenen Fotografen die besten Ergebnisse, wobei nicht auf die bewährte TTL-Mes-

Gerade in der Porträtfotografie benötigt der Fotograf kreativste Freiheiten, um exakt auf das Gesicht belichten zu können

der Blende müssen Sie die Blendenwert/ Korrekturtaste gedrückt halten, um dann die Blende manuell vorzuwählen.

Unabhängig von der gewählten manuellen Einstellung wird Ihnen im Sucher der Kamera eine Belichtungsreihe in Drittelstufen angezeigt, an der Sie sehr schnell überprüfen können, um wie viele Stufen Ihre Einstellung von dem gemessenen Wert abweicht, den Ihnen die mittelbetonte Messung der Kamera vorschlägt.

Langzeitbelichtung

Bei der Einstellung auf manuelle Belichtung [M] finden Sie durch Drehen des Haupt-Wahlrades am Ende der längsten Belichtungszeit von 30 Sekunden die Einstellung »bulb«. Diese Anzeige erscheint sowohl im Sucher als auch im LCD-Feld über dem Farbmonitor.

Langzeitbelichtung heißt, dass der Verschluss nach dem Drücken des Auslösers so lange geöffnet bleibt, bis man ihn wieder frei gibt. Damit sind Belichtungszeiten realisierbar, die weit über 30 Sekunden hinausgehen. Für extreme Aufnahmesituationen kann die Kamera für gut zweieinhalb Stunden geöffnet bleiben, vorausgesetzt, die Akkus sind voll geladen. Wenn die Energie verbraucht ist, schaltet die Kamera sich automatisch ab.

sung der Kamera verzichtet werden muss.

In dieser Funktion kann alles frei gewählt werden. In Bezug auf die Belichtung geschieht nichts mehr automatisch: Sie entscheiden, mit welchem Zeit/Blende-Paar Sie Ihre Aufnahme gestalten wollen. Sie legen die Schärfentiefe, die selektive Schärfe oder kreative Unschärfen fest. Das erfordert allerdings viel Erfahrung und ein gutes Gefühl für verschiedene Motivsituationen.

Die Verschlusszeit können Sie schnell mit dem Haupt-Wahlrad einstellen. Zum Einstellen

Damit Sie beim Langzeitbelichten keinen Krampf im Finger bekommen, können Sie das Auslösekabel RS-60E3 verwenden. Dieses Fernauslösekabel dient auch zum verwacklungsfreien Auslösen der Kamera. Die Fernbedienungsbuchse zum Anschließen dieses Kabels finden Sie unter den Anschlüssen DIGITAL und VIDEO OUT

Tipp:

Manuelle Belichtungsmessung

- Einstellung erlaubt, mit der TTL-Innenlichtmessung klassische Kontrastmessung vom Motiv
- auch Lichtmessung mit Handbelichtungsmesser und Übernahme der Daten möglich
- spezielles Flash-Spotmeter liefert im Studio exakte Werte für Belichtung mit Blitzlicht

etwas versteckt hinter der Kontaktabdeckung.

Auch die als Sonderzubehör erhältliche Fernbedienung RC-5 eignet sich zum Auslösen bei Langzeitbelichtungen, allerdings mit einer Verzögerung von zwei Sekunden.

Beliebte Motive für Langzeigelichtungen sind z. B. abendlich schwach beleuchtete Straßen, denen die Lichtspuren von Autolichtern einen besonderen Reiz geben. Auch ein Feuerwerk reizt immer dazu, mit dieser Belichtungsfunktion zu arbeiten. Sie

Die richtige Wahl des Standortes für Stativ und Kamera entscheidet über die Klasse einer Aufnahmen von einem Feuerwerk.

Tipp:

Langzeitbelichtung

- abendliche Stimmung kann nur mit langen Belichtungszeiten eingefangen werden
- ein standfestes, erschütterungsfrei aufgestelltes Stativ nutzen
- Autofokus abstellen und die Schärfe per Hand wählen
- keine allzu großen Blenden einstellen (niemals 8 oder sogar 11 bei Feuerwerk)
- höchste Auflösung, geringste Kompression und eine Empfindlichkeit von ISO 100/21° wählen
- zum erschütterungsfreien Auslösen das Auslösekabel oder die Fernbedienung benutzen
- immer mehrere Aufnahmen mit unterschiedlich langen Zeiten machen

müssen dazu eine entsprechende Arbeitsblende an der Kamera vorwählen und dann den Auslöser lange genug gedrückt halten. Eine exakte Belichtung hängt hier vom Motiv und auch von Ihren Erfahrungs-

Tipp:

Sich selbst mit in Szene setzen

- Kamera auf ein Stativ setzen oder eine erschütterungsfreie, feste Unterlage stellen
- auf das gewünschte Motiv manuell scharf stellen
- Abdeckung für das Sucherokular aufstecken
- Selbstauslösetaste drücken und Auslöser voll durchdrücken
- 10 Sekunden Zeit, um vor der Kamera in Pose zu gehen
- wenn Selbstauslöselampe dauerhaft leuchtet: bitte recht freundlich

Erschütterungsfreies Auslösen

- Selbstauslöser verhilft in der Langzeitbelichtung zu scharfen Aufnahmen, ohne Fernauslöser oder Funkfernbedienung:
- Selbstauslöser betätigen → Kamera löst nach 10 Sekunden verwacklungsfrei aus
- Voraussetzung: Stativ

werten ab. Das entgültige Ergebnis und die künstlerische Wirkung der Langzeitbelichtung kann man erst auf dem späteren Bild sehen.

Die lange Belichtungszeit führt auch beim CMOS-Sensor zu gewissen Farbverschiebungen. Stellen Sie aber bitte keine hohen Empfindlichkeiten an der Kamera ein. Das mindert bekanntlich die Leistung des CMOS-Sensors und würde zu Bildrauschen durch ein grobes Korn führen. Arbeiten Sie bei Langzeitbelichtungen mit höchster Leistung bei ISO-Einstellung 100/21°.

Gerade in abendlichen Szenen gibt es monochrome, einheitliche Flächen. Sie bringen die Lichthalbleiter an die Grenzen ihrer Leistungsfähigkeit und können Bildfehler herbeiführen. Das wird aber von Motiv zu Motiv unterschiedlich sein. Sammeln Sie Erfahrungen und seinen Sie nicht enttäuscht, wenn nicht alle Aufnahme Ihren Vorstellungen entsprechen.

Der Selbstauslöser

Auf der rechten Oberseite der Kamera befindet sich die Selbstauslösetaste. Durch Drücken dieser Taste wird – bei eingeschalteter Kamera – der Selbstauslöser aktiviert. Mit der Selbstauslösetaste schalten Sie die

Kamera in eine Art »Warteschleife«. Bevor sie tatsächlich auslöst, läuft nach Druck auf die Auslösetaste erst eine Vorlaufzeit von 10 Sekunden ab. Zur Kontrolle leuchtet die Selbstauslöserlampe und es ertönt ein Signalton.

Richtige Kamerahaltung

Wie alle modernen Spiegelreflexkameras ist auch die Canon EOS 300D nach neuen wissenschaftlichen Erkenntnissen ergonomisch gestaltet. Sie liegt ausgesprochen gut in der Hand, fügt sich sozusagen nahtlos in die Handfläche ein. Der fest eingebaute Dachkant-Spiegelprismensucher ermöglicht es, in allen Aufnahmesituationen das Motiv im Sucher aufrecht stehend und seitenrichtig zu betrachten, es also immer in Augenhöhe vor sich zu haben.

Die richtige Kamerahaltung beim Fotografieren mit dem Sucher ergibt sich dadurch eigentlich zwangsläufig: Beide Hände halten die Kamera vor dem rechten Auge und man konzentriert sich – durch Zukneifen des linken Auges – voll auf den Sucher, der ja neben dem Motiv auch noch alle wichtigen Funktionen anzeigt.

Probieren Sie es ruhig einmal: Nehmen Sie Ihre Kamera in die rechte Hand. Sie werden feststellen, dass es ganz leicht ist, die Kamera mit dem Zeigefinger der rechten Hand einzuschalten und den Auslöser zu betätigen. Auch wenn Sie die Kamera

Haltung der Canon EOS 300D

vor Ihrem rechten Auge haben, lässt sich das Haupt-Wahlrad bequem mit dem Zeigefinger der rechten Hand bedienen, ohne, dass sie die Kamera absetzen müssen. So verlieren Sie nicht den Sucher-Blick-

Tipp:

Übung macht den Meister
- Kamera »blind« bedienen
- deshalb: zunächst alles »im Trockenen« üben
- bei Absetzen der Kamera zum Einstellen von Funktionen kann das Motiv aus den Augen verloren gehen

Standfeste Fotografen machen schärfere Bilder
- Kamera fest gegen die Stirn oder das Gesicht drücken → bringt mehr Stabilität
- Kamera möglichst unverkrampft halten
- beim Fotografieren das Körpergewicht gleichmäßig verteilen.
- beim Fotografieren an eine Wand, eine Tür oder einen anderen feststehenden Gegenstand anlehnen → führt zu mehr »Standfestigkeit«
- bewährte Aufnahmetechnik: Kamera auf das Motiv ausrichten und einstellen, unmittelbar beim Auslösen Luft anhalten

Kontakt mit Ihrem Motiv und den wichtigen Daten im Sucher. Mit dem Handteller der linken Hand sichern Sie die Kamera, wobei Sie mit dem linken Daumen ebenfalls das Modus-Wahlrad drehen können. Mit der linken Hand können Sie außerdem mit dem Brennweitenring am Objektiv arbeiten oder – bei Umschalten des Autofokus auf manuelle Schärfe – den Entfernungsring am Objektiv bedienen. Auch die Abblendtaste ist leicht erreichbar.

Bildschärfe bei unterschiedlichen Brennweiten und Verschlusszeiten

Es ist kaum möglich, eine Kamera bei längeren Belichtungszeiten als ¹⁄₃₀ Sekunde freihändig ruhig zu halten. Anderslautende Erzählungen, nach denen Fotografen bombensscharfe Fotos sogar mit einer Viertelsekunde Verschlusszeit mit angehaltenen Atem aus der freien Hand geschossen hätten, können Sie getrost unter Fotografenlatein abbuchen.

Eine Faustregel besagt: Die längste mögliche Belichtungszeit, die man aus der Hand fotografieren kann, ist der Kehrwert der Brennweite des Objektivs.

Dazu ein Beispiel: Sie haben eine Kamera mit einem Zoomobjektiv von 28 bis 200 mm Brennweite. Dieses Zoomobjektiv deckt einen Brennweitenbereich vom Weitwinkel bis zum Teleobjektiv ab. In der Weitwinkelstellung bei 28 mm Brennweite können Sie mit der eben besprochenen Kamerahaltung scharfe, nicht verrissene Aufnahmen mit ¹⁄₃₀ Sekunde Belichtungszeit machen. Steht das Zoomobjektiv in der Brennweitenstellung 60 mm, benötigen Sie bereits ¹⁄₆₀ Sekunde als längste Verschlusszeit. In der Telestellung von 200 mm sollten Sie nur noch mit ¹⁄₂₅₀ Sekunde als längste Verschlusszeit arbeiten.

Zusammenhang zwischen längster Verschlusszeit und Brennweite

Brennweite	längste mögliche Verschlusszeit
20 mm	$\frac{1}{30}$ s
28 mm	$\frac{1}{30}$ s
35 mm	$\frac{1}{30}$ s
50 mm	$\frac{1}{60}$ s
100 mm	$\frac{1}{125}$ s
135 mm	$\frac{1}{125}$ s
200 mm	$\frac{1}{250}$ s
500 mm	$\frac{1}{500}$ s

Mit zunehmender Brennweite werden die notwendigen Verschlusszeiten immer kürzer. Da dadurch auch immer weniger Licht auf den CMOS-Sensor trifft, muss mit offener Blende fotografiert werden. Die Tabelle gibt Ihnen für verschiedene Brennweiten die längste mögliche Verschlusszeit an. Vergessen Sie bei einem Super-Zoomobjektiv nie, dass die 200 mm- Einstellung eine echte Telebrennweite ist. Die längste Belichtungszeit der Kamera sollte hier nicht länger als ¹⁄₂₅₀ Sekunde sein. Bei langen Verschlusszeiten werden Ihnen scharfe Aufnahmen nur noch gelingen, wenn Sie ein Stativ verwenden.

Von bewegten Standorten aus fotografieren

Die beste Kamerahaltung nutzt Ihnen wenig, wenn sich Ihr Standort bewegt, wenn Sie beispielsweise aus dem fahrenden Auto, Reisebus oder aus einem Zug heraus fotografieren. Die Bewegung Ihres fahrbaren Untersatzes überträgt sich auf Ihre Kamera. Scharfe Bilder sind unter diesen Umständen nicht möglich. Am besten vermeidet man es deshalb, von bewegten Standorten aus zu fotografieren. Halten Sie lieber an, suchen Sie den günstigsten Standpunkt und machen Sie dann eine Aufnahme. Das führt nicht nur zu scharfen, sondern in der Regel auch zu aussagestärkeren Bildern. Ganz abgesehen davon, dass man beim Fotografieren vom fahrbaren Untersatz aus meist auch mit Spiegelungen im Fensterglas von Auto, Bus oder Bahn rechnen muss. Sollte es partout einmal nicht anders gehen, öffnen Sie vor dem Auslösen möglichst die Scheiben und belichten Sie mit extrem kurzen Verschlusszeiten – kürzer als ¹⁄₂₅₀ Sekunde.

Bewegte Motive scharf abbilden

Nicht nur Bewegungen des Fotografen oder ein bewegter Standort können unscharfe Bilder verursachen. Auch ein sich bewegendes Motiv wird im Bild unscharf abgebildet. Man spricht hierbei von Bewegungsunschärfe.

Um von einem sich bewegenden Motiv ein scharfes Bild zu erhalten, muss die Verschlusszeit der Kamera an der Schnelligkeit des Motivs ausgerichtet sein. Ein schnell bewegtes Motiv erfordert sehr kurze Belichtungszeiten.

Extrem kurzen Belichtungszeiten bei sehr schnellen Objekten können Sie ausweichen, indem Sie ihre Kamera in einem günstigen Aufnahmewinkel zum Motiv positionieren. Nehmen Sie schnell bewegte Objekte nicht im rechten Winkel auf. Hierfür würden Sie so kurze Belichtungszeiten

An diesen Bildbeispielen sehen Sie, dass man mit der Verschlusszeit kreativ arbeiten kann. Links wurde das Wasser des Springbrunnens mit einer Tausendstel Sekunde »eingefroren«. Rechts wirkt das Wasser durch die lange Belichtungszeit dynamisch.

wie $\frac{1}{500}$ bis $\frac{1}{1000}$ Sekunde benötigen. Im späteren Bild sieht das Motiv dann oft »eingefroren« aus und versprüht nicht mehr die Dynamik der schnellen Bewegung.

Günstiger wäre eine Aufnahme im spitzen Winkel, also schräg von der Seite. Hier könnten Sie auch etwas länger belichten.

Kommt das bewegte Motiv – vielleicht ein Radfahrer oder ein rennendes Kind – direkt auf die Kamera zu, können Sie auch mit längeren Verschlusszeiten arbeiten. Sie als Fotograf müssen aber schneller sein als Ihr Motiv.

Warten Sie bei bewegten Motiven, insbesondere bei Sportfotografien, auf ruhigere Momente, in denen sich die Bewegung verlangsamt.

Knipsen oder Fotografieren – kreativ sein

Nach dem technischen Teil wollen wir uns im folgenden mit den Bildern beschäftigen, den Endergebnissen des Fotografierens. Die Meinung, dass die Fotografie eine rein technische Angelegenheit wäre und Erfolg oder Misserfolg eines Fotografen in erster Linie von der Kamera abhinge, ist weit verbreitet. Zugegeben: Ohne Technik kommt heute kein Fotograf aus. Ein technisch noch so exaktes Bild wirkt aber nur, wenn es von einem Fotografen aufgenommen wurde, der den richtigen Blick für Motive, Stimmungen, Lichtverhältnisse – kurz: für das gewisse Etwas – hat. Manche mögen ein angeborenes Talent für tolle Fotos haben. Die meisten sind aber mit den Jahren, also durch ständig wachsende Kenntnisse und einen immer größer werdenden Schatz an praktischen Erfahrungen zu richtig guten Fotografen geworden.

Wichtig ist, dass Sie eines wissen: Es gibt, die Gestaltung von Bildern betreffend, einige Grundlagen, die man beherrschen sollte. Solche gestalterischen Grundregeln wie Bildaufteilung, Licht- und Linienführung oder Motivauswahl wollen wir Ihnen aufzeigen. Sie machen den Unterschied zwischen Knipser und Fotograf aus. Keine Angst: wir wollen keine genialen Künstler aus Ihnen machen. Wir wollen Ihnen nur einige Grundregeln kreativen Gestaltens vermitteln, die Sie leicht erlernen werden, wenn Sie es wirklich besser machen wollen.

Bild rechts: Der extreme Bildwinkel mit hoher Tiefenschärfe erzeugt außergewöhnliche Bildeindrücke, wie bei dieser Aufnahme mit einem extremen Weitwinkelobjektiv

Die richtige Brennweite für jede Bildidee

Ob es einem Fotografen gelingt, ein bestimmtes Motiv ins rechte Licht zu rücken – es stimmungsvoll, interessant oder gar aufregend abzubilden – hängt wesentlich von der Brennweite der an der Kamera verwendeten Optik ab. Canon bietet mit den EF-Objektiven einen großen Brennweitenbereich an. Deshalb hier ein paar Tipps zum gezielten Einsatz der Kameraobjektive.

Aufnahmestandpunkt und Perspektive sind wichtige Gestaltungsmerkmale einer Fotografie. Die im Foto umgesetzte Perspektive hängt von der Entfernung zum Motiv, von der verwendeten Brennweite und von dem zu dieser Brennweite zugehörigen Bildwinkel des Objektives ab.

Die fotografische Optik unterscheidet sich von der Sehweise unserer Augen. Die Unterschiede zwischen Auge und Fotoobjektiv macht man sich in der Fotografie zu Nutze. Durch die Optik ergeben sich völlig neue Sehweisen und Darstellungsmöglichkeiten. Nehmen Sie ein und dasselbe Motiv systematisch mit unterschiedlichen Brennweiten auf. Sie werden sehen, dass der unterschiedliche Bildwinkel der Objektive die Aussage eines Fotos völlig verändert.

Weitwinkelobjektive und ihre Einsatzmöglichkeiten

Weitwinkelobjektive zeigen aufgrund ihres großen Bildwinkels viel auf einem Bild. Durch ihren großen Bildwinkel und die gute Schärfentiefe sind sie in der Lage, Vordergrund und Hintergrund gleichzeitig scharf abzubilden. Daraus ergibt sich ihr Vorzug beim Fotografieren in engen Räumen. Auch wenn Sie große Motive fotografieren wollen, Sie sich aber nicht weit genug vom Motiv entfernen können, um alles drauf zu bekommen, ist der Einsatz eines Weitwinkelobjektivs angesagt.

Durch die starke Verzeichnung hat diese Optik aber ihre Tücken.

Achten Sie beim Fotografieren mit Weitwinkelobjektiven besonders auf die Ausgewogenheit von Vorder- und Hintergrund und auf »stürzende Linien«. Dadurch, dass Weit-

Tipp:

Nahe genug ans Hauptmotiv
- geringfügige Veränderungen des eigenen Standpunktes haben bei Weitwinkelaufnahmen große Wirkung auf spätere Motivanordnung
- immer nah genug an das Hauptmotiv herangehen
- bildwichtiges Hauptmotiv nicht am Bildrand platzieren → wird sonst verzerrt
- lang gezogene Gesichter am Bildrand einer Weitwinkel-Gruppenaufnahmen stören den Gesamteindruck

Extreme Weitwinkelobjektive ungeeignet bei
- Porträtaufnahmen bzw. Nahaufnahmen von Personen
- Ausnahme: übergroße Nase soll besonders effektvoll dargestellt werden

Guter Durchblick
- Durchblicke durch Torbögen, Türen, Fenster oder durch Baumkronen ideal mit Weitwinkelobjektiven umsetzbar
- Weitwinkelobjektive erzeugen bei »Durchblicken« Rahmen um den Hintergrund

Himmel
- bei Landschaftsaufnahmen mit Weitwinkel: nicht zu viel Himmel aufs Bild nehmen, außer der Himmel trägt durch interessante Wolkenstruktur zum optimalen Bildaufbau bei).
- Landschaftsaufnahmen benötigen immer einen Vordergrund

winkelobjektive nahe gelegene Objekte groß wiedergeben, während weiter entfernte Motive klein abgebildet werden, lassen sich effektvolle und ganz überraschende Ansichten aufnehmen. Ein sonst eher kleines Motiv kann im Vergleich zum Hintergrund überdimensional erscheinen. So können Sie sogar dramatische Bildaussagen erreichen.

Teleobjektive und ihre Einsatzmöglichkeiten

Ein Teleobjektiv holt das Motiv scheinbar näher heran. Neben dieser optischen Wirkung, entfernte Motive nah heran holen zu können, ist für Teleobjektive typisch, dass sie nur eine geringe Schärfentiefe haben und dazu neigen, den Raum flacher darzustellen.

Wenn Sie weit entfernte Motive formatfüllend ablichten, störende Details im Vordergrund ausschließen oder einen störenden Hintergrund durch die geringe Schärfentiefe unauffällig wegdrücken wollen, dann ist ein Teleobjektiv genau richtig.

Bei großen Brennweiten entsteht aber das Risiko des »Verreißens« der Kamera. Dem können Sie entgegen wirken, idem Sie bei extremen Telebrennweiten mit einem Stativ arbeiten.

Welche Brennweite für welches Motiv die richtige ist, bekommen Sie am besten durch Probieren heraus. Was richtig ist und was nicht, hängt ohnehin von Ihren gestalterischen Ideen ab. Oft merkt man schon beim Betrachten eines Motivs im Sucher der Kamera, wenn »etwas nicht stimmt«.

Im richtigen Licht besehen

Das Licht liefert nicht nur die notwendige Energie zum Belichten Ihres CMOS-Chips. Durch seine Vielzahl an Ton- und Farbwerten ist es das wichtigste Gestaltungsmittel in der Fotografie.

Sicher haben Sie selbst schon erlebt, dass das Licht, das Sie zum Fotografieren hatten, Einfluss auf die Stimmung hat, die

*Durch ihre verzeich-
nungsfreie Wiedergabe
sind Teleobjektive
besonders gut für Por-
träts aller Art geeignet.*

auch die spätere
Aufnahme vermittelt.

Kaum ein Fotograf
kann der Versuchung
widerstehen, auf den
Auslöser zu drücken,
wenn die Abendson-
ne eine Landschaft
mit ihrem goldroten
Ton verzaubert. Auf
die Idee, das im
Sonnenuntergang
leuchtende Motiv in
der Mittagszeit aufzu-
nehmen, kommt kaum
jemand. In der Mit-
tagssonne – sprich:
im Mittagslicht –
wäre dieses Motiv
einfach nicht attraktiv.
Es gewinnt erst durch
die Lichtstimmung.

In der Fotografie
kommt es immer und
in allen Lebenslagen
darauf an, die richti-
ge Beleuchtung für
ein Motiv zu finden.

Erste Vergleiche zur
Wirkung der Lichtstim-
mung können Sie
ziehen, wenn Sie Ihre
letzten Urlaubsaufnah-
men noch einmal
durchgehen. Vielleicht
haben Sie dasselbe Motiv, denselben Ort,
dieselbe Situation einmal im Sonnenschein
und einmal bei bedecktem Himmel fotografiert. Die Sonnenbilder leben von der kräftigen Beleuchtung, die Farben glänzen, die
Motive treten plastisch hervor. An bedeck-

ten Tagen wirken dieselben Motive freudlos
und grau.

Auch die einzelnen Jahreszeiten sind mit
ganz charakteristischen Lichtstimmungen
verbunden. Fotografieren Sie ein und dasselbe Motiv einmal im Frühling, im Sommer,

Hier sehen Sie Beispiele, wie man sich mit verschiedenen Brennweiten von ca. 20 bis 200 mm ein und demselben Motiv – dem Staupe-Brunnen in Merseburg – nähern kann.

im Herbst und im Winter. Sie werden sehen, dass der unterschiedliche Sonnenstand in den verschiedenen Jahreszeiten erheblichen Einfluss auf das Motiv hat. Und das auch ohne digitale Manipulation.

Gestaltungsmittel Licht: die Lichtarten

Gerichtetes Licht

- Lichtstrahlen treffen in nahezu paralleler Richtung auf ein Motiv auf.
- Meist hohe Beleuchtungsstärke mit gleichmäßiger Helligkeit, aber: Helligkeit auf eine kleine Fläche beschränkt.
- Harte, dunkle Schatten, die auch sehr abrupt als Lichtkanten auffallen.
- Harte und auffällige Schatten schon hinter kleinsten Gegenständen (können ein Bild beleben).
- Kleine Unregelmäßigkeiten eines Motivs werden deutlich gemacht und scharf herausgearbeitet.
- Starke Kontraste, leuchtende Farben, vergrößerte Umrisse und Formen.
- Für stark spiegelnde Motive ungeeignet.

Typische Beispiele: Sonnenlicht, das Licht von Scheinwerfern, von Blitzgeräten oder Lichtquellen mit reflektierenden Spiegeln.

Diffuses Licht

- Lichtstrahlen treffen nicht parallel, sondern durcheinander und ungeordnet auf ein Motiv auf (Lichtstrahlen werden auf dem Weg zum Motiv durch Hindernisse abgelenkt und verteilen sich diffus im Raum oder kommen aus speziellen Lichtquellen, die eine ungeordnete Zerstreuung des Lichts bewirken).
- Weiche, unplastische Wirkung, ohne begrenzte, kräftige Schatten.
- Von geringer Intensität, aber: gleichmäßige Helligkeit auf großen Flächen.
- Wirkt verflachend und kontrastmildernd, glättet kleine Unebenheiten.

- Für die Beleuchtung dunkler Motive oder spiegelnder bzw. glänzender Oberflächen gut geeignet.
- Als Hauptlicht für die Porträtfotografie sehr gut geeignet.

Typische Beispiele: Tageslicht bei verhangenem Himmel. Licht, das durch Trübglasscheiben oder spezielle im Atelier verwendete Lichtwannen und Diffuser ohne spiegelnde Reflektoren fällt.

Direktes Licht

- Trifft – gleichgültig ob gerichtet oder diffus – direkt und unmittelbar auf ein Motiv auf.
- Liefert hohe Kontraste, erzeugt mehr oder weniger begrenzte Schatten.
- Intensiver als indirektes Licht.
- Behält seine Eigenfarbe.
- Bereits bei der geringsten Verschiebung der Lichtquelle, die das direkte Licht liefert, ändern sich die Schatten und damit der Ausdruck des späteren Bildes. Das Arbeiten mit direktem Licht erfordert deshalb etwas Übung.

Indirektes Licht

- Alle Lichtarten, die ein Motiv nicht direkt bestrahlen, sondern das Licht von einer beleuchteten Fläche auf das Motiv reflektieren.
- Indirektes Licht ist immer auch diffuses Licht (Ausnahme: ein Lichtstrahl, den ein Spiegel reflektiert – indirektes, gerichtetes Licht).
- Von Decken, Wänden und Möbeln reflektiertes Licht gibt Räumen ihren besonderen Reiz, erzeugt durch seine Allgemeinhelligkeit auch Raumtiefe.
- Diffuses Licht nimmt Farbe der reflektierenden Flächen an, besitzt nicht mehr seine Eigenfarbe.

Mit dem vorhandenen Licht arbeiten

Nicht immer kann ein Fotograf zur rechten Zeit am rechten Ort sein und dabei auch noch die passende Lichtstimmung vorfinden. Nutzen Sie deshalb vor allem die Sonnenzeiten eines Jahres zum Fotografieren. Aber auch Regenbilder haben ihren Reiz und außergewöhnliche Situationen lassen sich auch gerade bei gedämpftem Licht besonders gut einfangen. Für solche Lichtstimmungen muss man aber erst ein

Gefühl entwickeln. Das gewinnen Sie am besten durch Übung. Lassen Sie deshalb auch bei trüben Wetter Ihre Kamera nicht im Schrank. Suchen Sie nach Motiven, die bei gleichmäßig-gedämpfter Beleuchtung gut aussehen. Ein leicht bedeckter Himmel – also gedämpftes Licht – ist auch für Porträts sehr vorteilhaft.

Vorderlicht
Wenn Sie Ihre Lichtquelle (z.B. die Sonne) genau hinter Ihrem Rücken haben, wird Ihr Motiv durch Vorderlicht beleuchtet. Vorderlicht macht Motive sehr flach. Es ist keine besonders günstige Beleuchtung. Wenn Sie in diesem Licht Personen fotografieren, werden diese geblendet, kneifen die Augen zu oder blinzeln. Unter Umständen kann auch noch Ihr Schatten – also der des Fotografen – auf das Motiv fallen.

Seitenlicht
Für die meisten Aufnahmesituationen ist Seitenlicht günstiger. Die Sonne steht dann

Tipp:

Wo viel Licht ist, ist auch viel Schatten
- zu große, tiefe Schatten lenken vom Motiv ab
- Problemen bei der Belichtung: Schatten werden oft zu dunkel wiedergegeben
- Vorsicht bei Schatten in Gesichtern (vielleicht durch die Nase hervorgerufen) – stören Gesamteindruck eines Bildes.

Vorsicht um 12 Uhr mittags
- Mittagslicht hat höchsten Anteil an blauen Strahlen ➔ liefert blaustichige Fotos ➔ Blaustich problemlos korrigierbar

seitlich von Ihnen. Am besten sollte das Seitenlicht Ihr Motiv schräg von vorn beleuchten. Dabei entstehen kräftige Körper- und Schlagschatten. Das Motiv wirkt bei weitem nicht so flach wie im Vorderlicht. Im Foto sind alle Feinheiten erkennbar, einzelne Details heben sich gut voneinander ab.

Oberlicht

Steht die Sonne – beispielsweise mittags – genau über dem Motiv, erhält es Oberlicht.

Diese Lichtsituation ist ähnlich ungünstig wie die des direkten Vorderlichtes. Die Schatten fallen genau nach unten und können keine Tiefe erzeugen. Vorsicht vor allem bei Porträts mit Oberlicht: Die Augenhöhlen erhalten sehr tiefe Schatten.

Gegenlicht

Aufnahmen im Gegenlicht sind etwas für fotografische Feinschmecker. Durch die hohen Kontraste ist eine exakte Belichtungsmessung sehr schwierig. Gegenlichtaufnahmen erfordern eine manuelle Korrektur der automatisch eingeregelten Belichtung. Bei Gegenlicht fotografiert man gegen die Sonne (oder eine andere Lichtquelle). Das Licht sollte dabei aber nicht direkt ins Objektiv fallen. Außerdem wird eine Gegenlichtblende vor dem Objektiv gebraucht.

Tipp:

Gegenlicht

- Licht darf nicht direkt in das Objektiv der Kamera fallen
- Lichtquelle /Sonne möglichst schräg von hinter
- manuelle Belichtungskorrektur
- Automatik zeigt bei Gegenlicht prinzipiell mehr Licht an als wirklich vorhanden ist ➜ deshalb: länger belichten oder Blende um eins bis zwei Stufen öffnen

Manche Motive – wie z.B. fließendes Wasser – bekommen erst durch Gegenlicht ihren Reiz.

Wenn das Licht nicht reicht – die E-TTL-Blitztechnologie

Nicht immer müssen Sie bei schwachen Lichtverhältnissen blitzen. So können bei Sonnenuntergang sehr stimmungsvolle Aufnahmen entstehen. Dafür müssten Sie allerdings ein Stativ einsetzen.

Sonst gilt: wenn das Licht einmal trotz aller Vorsichtsmaßnahmen nicht ausreicht, schaltet sich Ihr in Ihre Canon EOS 300D eingebauter Blitz automatisch zu. Informieren Sie sich bitte hierzu in Ihrer Bedienungsanleitung.

Mit dem eingebauten Blitzgerät stehen Sie fast nie im Dunkeln. Allerdings muss die Blitzleistung ausreichen, um Ihr Motiv zu beleuchten. Das eingebaute Blitzgerät hat eine Leitzahl von 13 bei Empfindlichkeit von ISO 100/21°. Sein Leuchtwinkel ist einem Kleinbildobjektiv mit einer Brennweite von 18 mm vergleichbar und reicht gut 3,7 Meter. Wenn Sie höhere Empfindlichkeit einstellen, kann die Reichweite schrittweise bis 14,9 Metern gesteigert werden (bei ISO 1600/33°). Das ist für dieses kleine Blitzgerät eine beachtliche Ausleuchtung. Die höhere Empfindlichkeit hat aber – wie Sie schon gelesen haben – Nachteile.

Ein großer Pluspunkt ist die Canon-spezifische E-TTL-Blitztechnik: Kurz vor der Aufnahme wird dabei ein reduzierter Blitz abgegeben, der mit der integrierten TTL-Messelektronik die Wirkung des Blitzes auf das Hauptmotiv, dessen Kontraste und Umgebungslicht berücksichtigt. Erst nach dieser komplexen Analyse wird das Blitzlicht voll gezündet und kann so das Motiv optimal ausleuchten.

Mit der FE-Blitzlichtspeicherung können Sie sogar den richtigen Blitzbelichtungswert für einen bestimmten Teil des Motiv speichern.

Im Bereich einer leistungsfähigen Blitzsteuerung betrat Canon vor wenigen Jahren Neuland: Ein hohes Maß an Automatisierung macht das sonst so komplizierte Aufhellblitzen heute auch voll »Schnappschusstauglich«.

Die kürzeste Synchronisationszeit beträgt ½₀₀ Sekunde. Das ist die kürzeste Verschlusszeit, wo der Schlitzverschluss der Kamera vollständig geöffnet ist und der Blitz gezündet werden kann. Längere Zeiten sind natürlich möglich. Die leistungsfähige Blitztechnik Ihrer Kamera liefert nicht nur gut geblitzte Aufnahmen, wenn zu wenig Licht vorhanden ist. Sie können die Blitzsteuerung Ihrer Canon EOS 300D auch an hellen Tagen optimal nutzen, um zum Beispiel Schatten aufzuhellen.

Das in die Canon EOS 300D eingebaute Blitzgerät hat eine Leitzahl von 13 und leuchtet einen Winkel von ca. 98 Grad aus (bezogen auf Kleinbildobjektiv)

Die E-TTL-Blitztechnik berücksichtigt auch das natürlich Umgebungslicht, das ganz besonders für die richtige Atmosphäre verantwortlich ist.

Die Leitzahl eines Blitzes

Das in der Canon EOS 300D eingebaute kleine Blitzgerät hat bei einer eingestellten Empfindlichkeit von ISO 100/21° und dem angesetzten Objektiv EF-S 3,5-5,6 / 18–55 mm sowie einer eingestellten Brennweite von 18 mm eine Leitzahl von 13. Was sagt diese Zahl aus?

Tipp:

Lohnendes Zubehör: externes Blitzgerät

- zum Blitzen mit höherer Leistung stärkeres Blitzgerät als externes Gerät an die Kamera anschließen
- auf Systemkonformität mit der Kamera achten (Externes Blitzgerät muss für die Canon-spezifische Elektronik und die E-TTL-Blitztechnik der Kamera ausgelegt sein)

Mit Hilfe der Leitzahl eines Blitzgerätes kann man ausrechnen, bis zu welcher Entfernung der Blitz das anvisierte Motiv noch angemessen ausleuchten kann.

Während früher die Fotografen die Formel für diese Berechnung im Kopf hatten – notfalls musste ja für jede Aufnahme berechnet werden, ob der Blitz reicht und welche Blende eingestellt werden muss – übernimmt diese Berechnung heute der Kameracomputer.

Die maximale Entfernung eines Motivs darf für das eingebaute Blitzgerät also nur 3,7 Meter betragen. Ein Motiv in vier Meter Entfernung würde zur exakten Belichtung schon nicht mehr genügend Licht erhalten. Ihre Kamera warnt Sie natürlich auch bei Überschreitung dieses Aufnahmeabstandes: durch Blinken des Blitzsymbols. Wenn Sie ein weiter als 3,7 Meter entferntes Motiv mit dem Blitz in der Canon EOS 300D aufnehmen wollen, müssen Sie eine höhere Empfindlichkeit an der Kamera wählen oder ein lichtstärkeres Objektiv verwenden (größere Anfangsblende bzw. Eintrittspupille).

Der Reflektor eines externen Blitzgerätes hat – bedingt durch Befestigung und Form – einen größeren Abstand zur Aufnahmeachse des Kamera-Objektivs. Dadurch lässt sich der »Rote-Augen-Effekt« von vornherein mindern.

Dank der höheren Leistung eines externen Blitzgerätes können Sie größere Räume ausleuchten, oder verschiedene Blitze über den Kamerablitz auslösen lassen. Bei dieser Beleuchtungstechnik verteilen erfahrene Fotografen bis zu vier zusätzliche Blitze im Raum, die von der Kamera aus gesteuert werden.

Tipp:

Wenn ein ganz bestimmter Teil des Motivs »richtig blitzen« soll

- zunächst: vergewissern, dass das Blitzsymbol leuchtet
- Selektivmessfeld auf den Teil des Motivs richten, vom dem die Blitzlichtverhältnisse gespeichert werden sollen
- Messwertspeicheraste drücken → Messblitz wird gezündet
- Kamera nach dem gewünschten Bildausschnitt ausrichten und Auslöser ganz durchdrücken

»Rote Augen«

- Ursache für »rote Augen« bei geblitzten Porträts: kurzer Abstand zwischen eingebautem Blitz und Aufnahmeobjektiv
- Vorblitz mildert »rote Augen«, löst das Problem aber nicht
- Funktion über die Registrierkarte einstellen
- Bildbearbeitungsprogramme zur Kamera bietet Hilfsmittel zur Beseitigung »roter Augen«

Tipp:

Maximale Blitzreichweite für eine Brennweite abschätzen

- Objektiv EF-S 3,5-5,6 / 18-55 , Brennweite 18 Millimeter
- Leitzahl bei ISO 100/21: 13
- maximale Blende (Lichtstärke, Eintrittspupille EP): 3,5
- Blende = Leitzahl/Entfernung → Entfernung Leitzahl/max. Blende (13 : 3,5 = 3,7 Meter)

Ein weiterer Vorteil eines externen Blitzgerätes ist auch die damit mögliche Technik des indirekten Blitzens.

Die Langzeitsynchronisation

Eine wichtige Blitzfunktion ist die Synchronisation der Kamera auf einen längeren Verschluss. Im Abschnitt über das Licht haben wir besprochen, wie wichtig das diffuse Raumlicht und damit die Allgemeinbeleuchtung ist. Das gilt auch für die Blitzfotografie und führt zu einer ausgewogenen Wiedergabe von Hauptmotiv und Hintergrund.

Bei Canon finden wir diese wichtige Belichtungsfunktion als Nachtprogramm in den Motivprogrammen. Beim Nachtprogramm ist der Blitz in dieser Einstellung gekuppelt und schaltet sich automatisch zu. Gute »Nachtaufnahmen« erhält man aber nur, wenn das Hauptmotiv in der Reichweite des Blitzes vor der Kamera liegt. Nutzen Sie für Nachtaufnahmen lieber die Langzeitbelichtung (bulb) oder das Landschaftsprogramm.

Mit der Langzeitsynchronisation im Nachtprogramm und dem automatisch zugeschalteten Blitz wird der Vordergrund optimal ausgeleuchtet. Der Verschluss hingegen bleibt länger geöffnet und richtet sich nach dem Umgebungslicht des Hintergrundes. Dadurch verschwindet der Hintergrund ihres Motivs nicht – wie bei Normalsynchronisation – im Dunkeln. Die Kamera stellt sich nun nicht auf die kurze Synchronzeit von 1/200 Sekunde ein. Der Hintergrund wird so normal belichtet.

Das Ganze hat natürlich seine Grenzen und hängt von der gewählten längeren Verschlusszeit ab. Die werden Sie irgendwann nicht mehr aus der Hand halten können. Es kommt dann zu Doppelkonturen oder Unschärfen im Bild, was unter Umständen aber auch recht interessant aussehen kann. Die E-TTL-Blitztechnik von Canon ermöglicht durch die Einbeziehung des natürlichen Umgebungslichtes eine optimale Blitzlichtfotografie. Die Langzeitsynchronisation kann eine wichtige Blitzfunktion für die Reportagefotografie unter Berücksichtigung des natürlichen Sehempfindens sein. Natürlich funktioniert diese Belichtungsfunktion auch mit externen und damit leistungsstärkeren Blitzgeräten.

Leistungsstarke externe Blitzgeräte, zum Beispiel das Speedlite 550EX, erweitern den Spielraum der Kamera

Die Langzeitsynchronisation ermöglicht auch bei ungünstigen Lichtverhältnissen harmonische Blitzaufnahmen. Aber Vorsicht: Die Belichtungszeit »aus der Hand« darf nicht zu lang werden.

Tipp:

Blitzen mit Langzeitsynchronisation

- für gutes Umgebungslicht sorgen (z.B. in Räumen Lampen anschalten)
- auf die Belichtungszeit achten (nicht länger als 1/8 Sekunde, bei längere Verschlusszeiten nicht mehr »aus der Hand« fotografieren)
- mit Weitwinkelobjektiven arbeiten, Telestellung meiden
- bei langer Belichtungszeit die Empfindlichkeit der Kamera erhöhen (ISO 400/27 oder 800/30°)
- bei längeren Belichtungszeiten: auf ruckartige Bewegungen des Motivs achten

Gestaltungsgrundlagen

Standortwahl – Bildaufbau – Bildgestaltung – Hoch- oder Querformat

Viele Fotofreunde sehen ein schönes Motiv, begeistern sich sofort dafür und drücken auf den Auslöser. Die Kamera belichtet ja richtig. Was soll also passieren?! Erst beim genaueren Betrachten der fertigen Bilder entdeckt man dann einen unpassenden Hintergrund, einen störenden Bauschuttcontainer oder eine rot-weiße Polizeiabsperrung, die sich quer über ein Drittel des Fotos schlängelt. Eventuell muss man sich auch darüber wundern, dass einer Person, die man porträtiert hat, auf dem Bild plötzlich ein Laternenmast oder ähnliches aus dem Kopf wächst. Das mag zuweilen ja ganz putzig aussehen. Aber so richtige Freude will doch nicht aufkommen, schon gar nicht bei dem derart »Gehörnten«.

Häufig wird auch einfach »ins Leere« fotografiert: Eine – in natura tolle – Landschaft wird aufgenommen, ohne darauf zu achten, dass im Vordergrund ein Motiv sein muss, das das spätere Bild belebt und ihm Dynamik gibt.

Hoch- oder Querformat

Wie Ihre fertigen Bilder später wirken, hängt schon davon ab, mit welchem Format Sie Ihre Aufnahmen machen. Bereits vor der eigentliche Aufnahme müssen Sie sich überlegen, ob Ihrem Motiv besser Hochformat oder besser Querformat steht. Normalerweise halten wir die Kamera quer vor den Augen. Das bedeutet aber nicht, dass sie so gehalten werden muss. Drehen Sie Ihre Kamera ruhig mal um 90 Grad und prüfen Sie im Sucher, wie Ihr Motiv im Hochformat wirkt. Auch das ist mit der Canon EOS 300D sehr einfach. Zum einen erleichtert der optional erhältliche Batteriehandgriff BG-E1 mit seinen zusätzli-

Bilder im Hochformat vermitteln Spannung und Dynamik

Aufnahmen im Querformat strahlen Ruhe aus

chen Funktionstasten die Aufnahme im
Hochformat. Zum anderen können Sie bei
der Bildwiedergabe im Farbmonitor das
Bild automatisch ins Hochformat drehen
lassen (siehe Bedienungsanleitung). Damit
sehen Sie das Bild auch auf dem Farbmonitor im Hochformat.

Bei der Auswahl des richtigen Bildfor-
mats sollten Sie sich ausschließlich vom
Motiv leiten lassen.

Bildausschnitt und Aufnahmestandpunkt

Entscheiden für die Wirkung eines Fotos
sind der Bildausschnitt und der Aufnahmestandpunkt. Richten Sie Ihre Kamera einmal
auf ein Motiv und suchen Sie in aller Ruhe
den richtigen Ausschnitt im Hoch- oder
Querformat. Ordnen Sie das Motiv im
Ausschnitt des Suchers an. Verändern Sie
dabei Ihren Standort so lange, bis das
Motiv im Sucher so angeordnet ist, wie sie
es auf dem späteren Bild sehen möchten.
Schulen Sie Ihr Auge! Lassen Sie sich beim
Fotografieren nie zur Eile treiben. Den
richtigen Ausschnitt und den besten Standort zu finden, kann schon mal ein bisschen
Zeit in Anspruch nehmen. Ihre Mühe wird
sich später auszahlen.

Der richtige Bildausschnitt hängt ganz
wesentlich vom Standpunkt des Fotografen
ab. Die Wahl des Aufnahmestandpunktes
ist auch für die Beleuchtung Ihres Motivs
wichtig. Stellen Sie sich zu Ihrem Motiv
immer so, dass Sie die Sonne schräg von
hinten haben, das Motiv also schräg von
vorn angeleuchtet wird.

Vordergrund – Bildmitte – Hintergrund

Ein gutes Foto lebt von der richtigen Anordnung von Vordergrund, mittlerem Bildteil
und Hintergrund. Alle drei Elemente zusammen geben einem zweidimensionalen Bild
Tiefe. Ändern Sie Ihren Aufnahmestandort
so lange, bis alle drei Bildebenen richtig
deutlich werden. Oft bringt erst ein interes-
santer Vordergrund Spannung ins Bild. Er
kann bewirken, dass eine Aufnahme –

*Durch eine geschickte Ausschnittsgestaltung wird
weniger oft mehr, wie man an diesen Beispielbil-
dern sieht*

auch wenn das gar nicht so war – wie extra arrangiert wirkt. Suchen Sie deshalb immer einen Vordergrund, den Sie geschickt in Ihr Bild einbeziehen können. Gut geeignet sind hierfür zum Beispiel die Äste oder Blätter eines Baumes, die ein Bild »einrahmen« können. Ein echter Rahmen kann auch der Durchblick durch ein Fenster, durch eine Tür oder durch einen Torbogen sein. Wenn Sie ein interessantes Motiv entdeckt haben, gehen Sie ruhig auch mal ein paar Schritte zurück oder probieren Sie es einmal mit einem erhöhten oder einem ganz tiefen Kamerastandpunkt.

Natürlich spielt auch die Wahl der richtigen Objektiv-Brennweite ein Rolle, wenn ein Motiv effektvoll ins Bild gesetzt werden soll.

Beides zusammen – Standort und Brennweite – machen die Perspektive aus, aus der heraus ein Bild gemacht wird.

Wenn der Vordergrund Ihr bestimmendes Bildmotiv werden soll, nehmen Sie am besten ein Weitwinkelobjektiv, also eine kurze Brennweite. Dabei sollten Sie mit der Kamera möglichst nah an das Motiv herangehen.

Achten Sie bitte auch immer auf den Hintergrund Ihres Motivs. Er kann alles verderben. Prüfen Sie den Hintergrund kritisch. Lassen Sie sich von einem sehr schönen Vordergrund nicht zu sehr ablenken. Details im Hintergrund können stören oder vom Hauptmotiv im Vordergrund ablenken. Verkehrsschilder, knallrote Hydranten oder schreiend gelbe Briefkästen können so intensive Hintergrund-Farbpunkte bilden, dass der gesamte Bildeindruck gestört ist. Auch die allerorts auftauchenden »segensreichen« Merkmale der Zivilisation wie überfüllte Papierkörbe oder in der Landschaft verstreuter Unrat hat man sehr schnell mit im Bild.

Linke Seite: Das Buch im Vordergrund mit dem in der Diagonale angeordneten Lesezeichen wurden hier geschickt für den gesamten Bildaufbau genutzt

Damit Ihr Hauptmotiv nicht im Hintergrund untergeht, achten Sie bei der Wahl des Bildausschnitts darauf, dass es möglichst nah an der Kamera ist.

Fast immer wirken die Bilder am besten, die ein Motiv groß und formatfüllend, ohne störende »Nebensachen« wiedergeben.

Formale Gestaltung einer Fotografie: Goldener Schnitt – Anordnung des Hauptmotivs – Linien und Flächen

Nicht nur das Motiv selbst bestimmt den Inhalt eines Bildes. Auch dessen Anordnung im Bildausschnitt ist wichtig.

Goldener Schnitt

Bereits die alten Meister wussten vor vielen hundert Jahren, wie Motive am besten auf einem Gemälde angeordnet werden können. Sie ordneten ihre Bilder nach dem Prinzip des klassischen Goldenen Schnitts: Danach platzierten sie das Hauptmotiv nie in der Mitte eines Gemäldes.

Diese Regel ist noch heute und auch für die Fotografie voll gültig. Die klassische Bildaufteilung im Goldenen Schnitt – das Bild wird hier im Verhältnis 3 : 5 (oder einfacher: ein Drittel zu zwei Drittel) aufgeteilt – entspricht am ehesten unserem vom Sehempfinden ausgehenden Geschmack. Ein direkt in die Mitte gerücktes Motiv gefällt daher nicht.

Anordnung des Hauptmotivs

Das Hauptmotiv muss im Bild eine wichtige Stelle einnehmen. Es kann ruhig mehr als die Hälfte des Kamerasuchers ausfüllen. Die Position des Hauptmotivs kann in der Nähe der Suchermitte sein, keinesfalls aber direkt in der Mitte. Vor allem sollte das Hauptmotiv niemals nur klein in einer der Ecken des Suchers zu sehen sein. Damit es auf dem späteren Bild nicht untergeht, gehen

Anordnung des Hauptmotivs im Sucher. Links: ungünstig. Rechts: besser

Sie möglichst so nah an Ihr Hauptmotiv heran, bis Sie es im Sucher Ihrer Kamera formatfüllend sehen. Sollte das nicht möglich sein, wie beispielsweise im Zoo, muss ein Teleobjektiv verwendet werden.

Stellen Sie Ihr Hauptmotiv nicht zu häufig in einem Bild dar. Wenn Sie beispielsweise ein Blumenbeet oder eine Blumenwiese fotografieren, versuchen Sie gar nicht erst, alle Blumen aufzunehmen. Im Sucher mögen die vielen Farbpunkte noch sehr schön wirken. Auf dem späteren Bild geht ihr Reiz aber verloren. Die vielen Pünktchen sorgen zudem für Unübersichtlichkeit. Suchen Sie sich lieber einige wenige oder eine einzelne Blume als Hauptmotiv heraus.

Denken Sie daran, dass Ihr Hauptmotiv richtig beleuchtet wird. Platzieren Sie es nie in einen Schatten. Suchen Sie sich den Standpunkt, bei dem das Motiv gut im Licht kommt. Kamera und Autofokus müssen auf das Hauptmotiv scharf stellen.

Das Hauptmotiv muss sich deutlich vom Hintergrund abheben.

Machen wir uns das Ganze an einem Beispiel klar: Ihr Motiv ist ein im Sandkasten spielendes Kind. Es muss formatfüllend im Sucher Ihrer Kamera zu sehen sein. Die Sonne sollte es gut beleuchten. Der Hintergrund, vielleicht eine Rutsche, darf keinen Schatten auf das Kind werfen. Der Hintergrund ist notwendig, aber nicht wichtig. Er könnte daher auf dem späteren Bild auch unscharf abgebildet werden. Diese Unschärfe des Hintergrunds würde das Hauptmotiv besser hervorheben. Keinesfalls darf das Umfeld im Verhältnis zum spielenden Kind zu groß werden. Wenn Sie jetzt noch

das Kind im Goldenen Schnitt – also nicht direkt im Zentrum – anordnen und wenn Sie in die Knie gehen, um einen tieferen Kamerastandpunkt einzunehmen, erhalten Sie nach dem Auslösen ein perfekt gestaltetes Bild.

Das Hauptmotiv muss die größte Fläche des Bildes einnehmen. Es sollte im Goldenen Schnitt, möglichst nach rechts herausgerückt, angeordnet werden.

Linien und Flächen bauen ein Bild auf

Mit den Linien, die in einem Bild auftreten können, meinen Fotografen den natürlichen Horizont, Straßen, Wege, Flüsse, aber auch langgezogene oder hohe Bauwerke. Auch der menschliche Körper kann solche Linien besitzen. Achten Sie darauf, dass natürliche Linien ein Bild weder waagerecht noch senkrecht und schon gar nicht in der Mitte zerschneiden.

Eine diagonale Linienführung dagegen – und damit eine diagonale Aufteilung der Bildflächen – sorgt für Dynamik und baut Spannung im Bild auf.

Die Raumtiefe als dritte Dimension eines nur zweidimensionalen Bildes kann nur

Tipp:

Linien sollten . . .

- möglichst von links nach rechts in das Bild hinein laufen,
- möglichst nicht von Ecke zu Ecke gehen,
- das Bild nicht in zwei gleich große Dreiecke teilen und
- nicht durch den Mittelpunkt des Bildes laufen.

Vertikale und horizontale Linien:
Vertikale Linien (Abbildungen 1 und 2) strahlen Dynamik und Aktivität aus. Günstig ist ihre Anordnung im Goldenen Schnitt (Abb. 2). Horizontale Linien strahlen Weite und Ruhe aus (Abbildungen 3 und 4). Allerdings sollten sich in einem Bild nicht zu viele Horizontlinien befinden und diese sollten im Goldenen Schnitt angeordnet sein (Abb. 4)

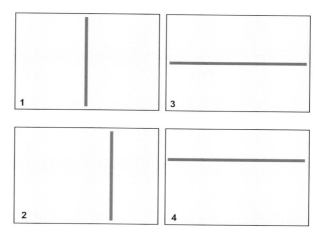

durch einen geschickten Aufbau vorgetäuscht werden.

Sehen Sie sich deshalb bitte die folgenden Grafiken genau an. Sie zeigen Ihnen die perspektivische Wirkung von Diagonalen. Linien, die durch Straßen, Flüsse oder Gebirgszüge gebildet werden, kann man natürlich nie voll aufs Bild bekommen. Sie werden deshalb beschnitten.

Vorsicht beim Wegschneiden von Linien ist vor allem dann geboten, wenn diese durch Arme und Beine gebildet werden.

Faustregel: Keine unbedeckten Körperteile – zum Beispiel die Finger einer Hand – anschneiden. Ein Ganzkörperaufnahmen sollte nicht bei den Knien beginnen, die Füße gehören auch dazu.

Bögen und Kreise sind ebenfalls wichtige grafische Motive. Bögen symbolisieren das verbindende Element, während Kreise ein Motiv umschließen oder einfassen.

Wenn Sie ein bewegtes Motiv fotografieren, besteht die Gefahr, dass das spätere Bild entweder »kopflastig« wirkt oder dass etwas fehlt. Beachten Sie deshalb bitte das folgende ungeschriebene Gesetz:

Im Sucher muss vor dem bewegten Motiv, also in Richtung der Bewegung, mehr Raum sein als dahinter. Befindet sich das Motiv schon am Rand des Suchers, entsteht später auf dem Bild der Eindruck, dass es im nächsten Augenblick »herausfällt«. Die Gestaltung des Bildes wirkt dadurch unausgeglichen.

Da wir gerade bei Bewegungen sind: Wenn Sie auf belebten Straßen und Plätzen fotografieren oder mit einer Gruppe unterwegs sind: Denken Sie immer daran, Menschen, die Sie »ablichten« wollen auf sich zukommen zu lassen. Sie müssen immer vor

Diagonallinien
Diagonalen erzeugen Tiefe im Bild. Allgemein wird die aufsteigende Diagonale (links) als positiver empfunden als die Gegendiagonale (rechts)

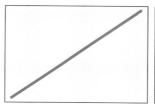

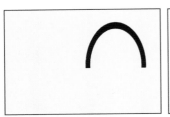 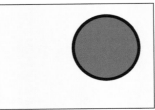

Rechte Seite: Der tiefe Standpunkt bei der Froschperspektive lässt Motive groß und gewaltig erscheinen, sorgt aber auch für nach hinten stürzende Linien

Abb. links oben: Bögen und Kreis

Abb. links: Kopflastigkeit, bei bewegten Motiven muß vor dem Objekt mehr Raum sein als dahinter

Bei Kinderportraits muss der Fotograf sich ein Stück nach unten begeben, um in Augenhöhe seines Modells zu bleiben.

Ihren »Modellen« stehen, um deren Gesichter aufs Bild zu bekommen. Bei Gruppen in Bewegung – beispielsweise bei einer fröhlichen Wanderung – muss der Fotograf viel zusätzliche Beinarbeit leisten. Schließlich muss er immer vor den anderen da sein, so weit vorher, dass er seine Kamera richtig einstellen und auslösen kann, ehe seine Wanderfreunde ihn überholen.

Was man so alles machen kann: Kleine Motivauswahl

»Fotogene« Motiven zu suchen, macht sehr viel Spaß. Diese – nach einiger Übung – wirkungsvoll ablichten zu können, ist mindestens genauso befriedigend. Das werden Sie sicher bestätigen.

Um Ihnen den Anfang leichter zu machen, möchten wir Ihnen zur Suche und Auswahl fotografischer Motive einige Hinweise geben. Wir beschränken uns dabei auf Motive, die Ihnen in der Freizeit, im Urlaub oder in der Familie häufig begegnen.

Fotogene Landschaften

Das folgende Szenario kennen Sie sicher auch: Ein Bus hält für eine kurze Zeit vor

Gelungene Landschaftsaufnahmen brauchen vor allem einen ausgewogenen Vordergrund.

einer touristischen Sehenswürdigkeit. Die Insassen klettern kamerabeladen heraus und stürzen sich auf den Aussichtspunkt. Von hier aus hat man den besten Blick über die majestätische Kulisse der Berge, über die faszinierende Weite der Wüste oder die unendliche Bläue des Meeres. Zum Glück ist auch der Himmel strahlend blau. Der Bus fährt bald ab, viel Zeit ist also nicht. Deshalb wird oft wahllos drauflos fotografiert. Unter solchen Umständen entstehen meist keine sehr gelungenen Aufnahmen. Unter Zeitdruck kann man ein Motiv weder ins rechte Licht noch an die richtige Stelle im Bild rücken. Oft fehlt auch der richtige Vordergrund. Und auf die zum Fotografieren günstigste Tageszeit und damit auf die richtige Lichtstimmung kann man natürlich auch nicht warten.

Für Situationen, wie die eben geschilderte, empfehlen wir, lieber eine gelungene Ansichtskarte mit einer Abbildung der gerade besichtigten Sehenswürdigkeit zu kaufen. Etwas anders sollten Sie aber unbe-

dingt fotografieren: nämlich Ihre Mitreisenden, die gerade über die oben bezeichnete touristische Attraktion staunen. Wenn Sie Ihre »Modelle« dabei noch geschickt über die Landschaft verteilen, haben Sie auf alle Fälle einen guten Vordergrund. Sie erinnern sich: Das war eine der wichtigsten Voraussetzungen für ein gut gestaltetes Foto. Gehen Sie immer möglichst nah an die zu Fotografierenden heran. Ihre Hauptmotive sollten auf dem Foto nicht zu klein geraten. In solchen Aufnahmesituationen empfiehlt sich der Einsatz eines Weitwinkelobjektivs.

Gelungene Landschaftsaufnahme erfordern viel Zeit. Sie müssen auf Vordergrund, Mittelteil und Hintergrund achten. Wenn Sie einmal keinen Vordergrund wie eine Baumgruppe, eine Hütte oder einen Stein finden, dann haben Sie vielleicht Freunde mit, die Sie geschickt in den Vordergrund platzieren können. Geschickt soll hier vor allem heißen, die Gruppe nicht direkt in die Kamera blicken zu lassen, sondern sie eher wie am Foto unbeteiligte

Ein und dasselbe Motiv – hier das Merseburger Dom- und Schlossensemble – zu unterschiedlichen Jahreszeiten aufgenommen, hat jedes Mal seinen besonderen Reiz.

Naturfreunde im Vordergrund zu verteilen. Das spätere Bild wirkt dann nicht so hölzern und gestellt.

Achten Sie bei Landschaftsaufnahmen im flachen Land auch darauf, dass der schöne blaue Himmel auf gar keinen Fall mehr als ein Drittel Ihres Sucherbildes ausfüllt. Zu viel Himmel über flachem Land ist langweilig. Wenn mehr als die Hälfte des Bildes im

Tipp:

Landschaften in der richtigen Lichtstimmung

ein und dasselbe landschaftliche Motiv im Frühjahr, Sommer, Herbst und Winter und zu verschiedenen Tageszeiten aufnehmen

Sucher aus Himmels besteht, kann außerdem die automatische Belichtungsmessung Probleme haben und Sie müssen korrigieren.

Achten Sie bei Ihren Landschaftsaufnahmen auf die inzwischen bekannten natürlichen Linien, die Sie für die Bildgestaltung nutzen sollten.

Landschaften sind genau die Motive, mit denen man das Gestalten eines Bildes im Kamerasucher am besten üben kann. Sie halten nämlich still! Wenn das »Fotofieber« Sie richtig gepackt hat, werden Sie ganz sicher viel Spaß daran haben, geschwungene Wege, Felder, Wiesen, Berge, Flüsse oder Teiche als Linien und Flächen im Bild anzuordnen.

Die besten Landschaftsaufnahmen macht man in der Regel nicht im Sommerurlaub, sondern eher im goldenen Herbst mit seinen reizvollen Lichtstimmungen und Farbspielen oder im Frühjahr, wenn das frische Grün gerade herauskommt. Auch Winterlandschaften haben einen eigenen Reiz.

Architekturaufnahmen

Stellen Sie sich auch für dieses Genre wieder eine kleine Szene vor: Sie stehen unten auf der Straße vor einem hohen

Bauwerk. Wenn Sie dieses Gebäude von diesem Standpunkt aus fotografieren wollen wird, richten Sie Ihre Kamera nach oben. Nun passiert folgendes: Das Gebäude mit seinen geraden und parallelen Wänden beginnt, sich im Sucher noch oben hin zu verjüngen. Die Linien des Gebäudes erzeugen so räumliche Tiefe. Ein eigentlich ganz nützlicher Effekt, der aber gerade in der Architekturfotografie stört: Die »stürzenden Linien« erzeugen im späteren Bild den Eindruck, als ob das Gebäude nach hinten wegkippt. Berufsfotografen beseitigen solche stürzenden Linien mit Hilfe eines speziellen Shift-Objektivs. Eine so teure Technik hat ein Amateurfotograf meist nicht.

Beachten Sie deshalb für Ihre Architekturaufnahmen folgende Hinweise:

Versuchen Sie, den Abstand zwischen den Gebäuden oder Straßenzügen, die Sie fotografieren wollen, und Ihrer Kamera möglichst groß zu halten. Aber: bei einem großen Aufnahmeabstand hat man auch einen sehr großflächigen Vordergrund. Füllen Sie den mit Straßenpassanten oder Autos. In engen Straßen und Plätzen sollte ein Weitwinkelobjektiv eingesetzt werden. Aber Vorsicht! Halten Sie die Kamera möglichst gerade. Weitwinkelobjektive neigen dazu, die »stürzenden Linien« zu verstärken, wenn die Kamera nach oben gehalten wird.

Am besten suchen Sie sich für Ihre Architekturaufnahmen einen erhöhten Standpunkt. Vielleicht können Sie ja in einem gegenüberliegenden Gebäude einige Treppen hinaufsteigen und aus einem Fenster fotografieren. Sie vermindern dadurch das Problem der stürzenden Linien und gewinnen außerdem einen besseren Überblick.

Sollte das alles nicht helfen, dann setzen Sie Ihre stürzenden Linien eben effektvoll ein, indem Sie sie zum Beispiel gegen den Himmel oder gegen ein anderes Gebäude laufen lassen.

Vielleicht muss es ja auch gar nicht das gesamte Gebäude sein: Versuchen Sie es doch mit Details. Sie glauben gar nicht,

Einen besonderen Reiz bei Architekturaufnahmen bietet der Kontrast zwischen Alt und Neu

was zum Beispiel eine alte Kirche für fotografisch interessante Besonderheiten haben kann – da gibt es Wandreliefs, Säulenverzierungen, die Beschläge der Eingangstür, die große Klinke . . .

Feste muss man feiern wie sie fallen

Familienfeiern wie Hochzeiten, Geburtstage oder Taufen sind neben dem Urlaub eine Top-Domäne für Hobbyfotografen. Lassen Sie sich hier ruhig mal gehen. Fotografieren Sie munter drauflos. Aber: Die Feiernden sollten schon genau beobachtet werden, um im rechten Moment auslösen zu können.

Feiern und Feste sind eine ideale Gelegenheit, die Schnappschusstechnik zu üben. Dabei muss die Kamera stets aufnahmebereit sein. Für einen gelungenen Schnappschuss reicht es aber nicht aus, die richtige Person in der richtigen Situation im Sucher zu haben. Auch hier sind die Ihnen

schon bekannten Regeln der Bildgestaltung zu beachten. Wenn Sie zum Beispiel eine gesellig am Tisch sitzende Runde aufnehmen, müssen Sie dafür schon mal in die Knie gehen. Ihre Kamera sollte immer in derselben Höhe mit denen sein, die Sie ablichten wollen. So vermeiden Sie, dass die späteren Bilder wie »von oben herab« gemacht erscheinen. Wenn Sie Freien in einer Gaststube oder in der Wohnung zu wenig Licht haben, werden Sie den Blitz Ihrer Kamera benötigen. Sie haben gesehen, dass Leistung und damit die Reichweite Ihres eingebauten Blitzes begrenzt sind. Auch über den sogenannten »Vorschaltblitz«, der rote Augen vermeiden soll, haben Sie schon etwas erfahren. Gerade für Schnappschüsse bei Feiern und Festen gilt: der Vorblitz hilft das zwar gegen rote Augen – zu einem echten Schnappschuss kommen Sie aber nicht mehr, da Ihre Modelle durch die Vorblitze gewarnt sind.

Feiern und Feste sind ein gutes Einsatzgebiet für Teleobjektive. Damit können Sie einzelne Personen nah heran holen und bewusst aus dem allgemeinen Kreis der Feiernden herausheben.

Achten Sie auch bei Schnappschüssen auf Familienfeiern auf das Umfeld Ihrer Motive: Flaschen, Essensreste, Papierschnipsel oder Zigarettenkippen wirken später oft störend und lenken vom eigentlichen Hauptmotiv – den fröhlich agierenden Personen – ab. Wenn Sie beim »Schnappschießen« etwas Zeit erübrigen können, räumen Sie störende Utensilien vor der Aufnahme einfach schnell zur Seite.

Wenn sehr viele Personen gemeinsam feiern, macht es sich gut, einzelne herauszuheben, wie hier den Sänger und Moderator Hartmut Schulze-Gerlach

Porträts für jeden Rahmen

Gute Porträts gelingen ohne großen Aufwand, wenn Sie einige Grundvoraussetzungen beachten:

Wichtig für ein gelungenes Porträt ist eine optimale Beleuchtung Ihres Modells. Die direkt in das Gesicht Ihres Modells scheinende Sonnen wäre da an sich schon toll: Sie würde die fotografierte Person aber so stark blenden, dass sie unmöglich ihre Augen ruhig geöffnet halten kann. Deshalb sollten Sie bei Porträts mit Seitenlicht auskommen oder bei leicht bedecktem Himmel fotografieren. Das weiche Licht an leicht bewölkten Tagen ist für Porträts hervorragend geeignet.

Auch ein Porträt wird erst »rund«, wenn es einen ansprechenden Hintergrund hat. Suchen Sie für Porträtaufnahmen einen neutralen, unauffälligen, wenig strukturierten Hintergrund. Achten Sie darauf, dass der

Hier sehen Sie ein Porträt des bekannten Fotojournalisten Paul Almasy

Hintergrund zu Ihrem Modell in einem farblichen Kontrast steht. Kein blasses Modell in weißer Bluse vor einer weißen Hauswand fotografieren! Ein unscharfer Bildhintergrund kann die Aussage des Bildes steigern und das Hauptmotiv plastischer hervortreten lassen.

Probleme mit dem Hintergrund sind bei Porträtaufnahmen aber eher gering, gemessen an den Problemen mit dem Modell: Die zu fotografierende Person sollte gelöst und entspannt sein. Inwieweit Sie Ihr Modell locker aufnehmen können, hängt sehr stark von Ihnen und Ihrem Umgang mit dem Modell und der Situation ab. Es hat keinen Zweck, ein Porträt von jemand machen zu wollen, der keine Lust hat, fotografiert zu werden. Verschieben Sie den Fototermin dann einfach.

Abgesehen von größeren Gruppenaufnahmen, macht man Porträts am besten mit einem Teleobjektiv. Zum einen wird mit

damit das Gesicht näher herangeholt und füllt so den Sucher aus. Zum anderen wird bei einem Teleobjektiv der Hintergrund gewöhnlich unschärfer, so dass das Gesicht in der Perspektive besser abgebildet wird. Achten Sie auch darauf, die Kamera in Augenhöhe des Modells zu halten und dass beide Augen zu erkennen sind. Gehen Sie dafür notfalls in die Knie, fotografieren Sie aber nie »von oben herab«. Hier noch ein letzter Tipp: Besonders eindrucksvoll sind Porträts im Gegenlicht. Da das Gesicht in dieser Situation im Schatten liegt, muss man es aufhellen. Das gelingt am besten mit dem kleinen eingebauten Blitzgerät der Kamera. Sie müssen dafür die Kamera so einstellen, dass der Blitz auch bei Tageslicht gezündet wird. Dieses Aufhellblitzen ist eine elegante Methode, um Schatten aufzuhellen.

Kinder vor der Kamera

Kinder üben auf viele Fotofreunde einen besonderen Reiz aus. Sie agieren vor der Kamera völlig ungezwungen. Nach kurzer anfänglicher Neugier vertiefen sie sich schnell wieder in ihr Spiel. Ihre natürlichen Posen und ihre echte, unverstellte Mimik liefern sehr gute Voraussetzungen für gelungene Momentaufnahmen.

Mit den modernen, schnellen Kameras von heute kann man leicht lebensechte und ungezwungene Aufnahmen von den lieben Kleinen machen. Dafür muss man natürlich auch flott mit der Kamera umgehen können. Während Babys noch nicht sehr am Fotoapparat interessiert sind und meist auch still halten, können Kinder ab dem dritten Lebensjahr schon magisch vom Fotogerät angezogen werden. Die kindliche Neugier erschwert ungestellte Aufnahmen. Hier hilft oft ein kleiner Trick: Man »fotografiert« so lange, bis die Kinder das Interesse am Fotogeschehen verloren haben. Das kostet Zeit und vielleicht auch einige Aufnahmen. Man wird dafür aber mit ungezwungenen, natürlichen Fotos belohnt.

Ein warmtoniges Porträt eines Kindes an der Ostsee dürfte leicht gelingen

Und noch ein paar konkrete Tipps für gute Kinderbilder, die Sie für sich selbst testen und verfeinern sollten:

- Babys und Neugeborene möglichst nicht anblitzen. Das diffuse Licht an einem Fenster reicht in der Regel aus. Außerdem werden ein höher empfindlicher Film oder ein Aufheller (zum Beispiel ein Spiegel, den ein Partner hält, um das Gesicht auszuleuchten) gute Dienste leisten.
- Die schönsten Aufnahmen mit Kindern ab dem zweiten Lebensjahr entstehen im Freien, wo sich die Kleinen ungehindert bewegen können. Man sollte aber nicht bei zu hartem Sonnenlicht fotografieren. Weiches Licht (bedeckter Himmel) bringt die frische Farbe und sanfte Struktur des Kindergesichts besonders gut zum Ausdruck.

- Kinder sollte man in Aktion fotografieren, wenn sie sich mit ihresgleichen, mit einer Gießkanne, einem Gartenschlauch, dem Spielzeugauto, dem Hund oder der Katze beschäftigen. Wer eine schöne Momentaufnahme machen möchte, muss schon eine Weile »am Ball bleiben«, das Kind beobachten und dann im richtigen Moment auslösen.
- Wer Kinder vor der Kamera hat, muss auch selbst noch beweglich sein. Wenn man beim Fotografieren in die Knie oder in die Hocke geht, bringt man das Kameraobjektiv und das Gesicht des Kindes auf eine waagerechte Ebene.
- Besonders schöne Aufnahmesituationen findet man am, auf oder mit dem kühlen Nass. Wenn hier noch Gegenlicht das Wasser zum Leuten bringt, entsteht mehr als nur ein Familienerinnerungsbild.

Tiere vor der Kamera

Ein fast ebenso unerschöpfliches Motivgebiet wie Kinder sind Tiere. Versuchen Sie es für den Anfang an Ihren Haustieren und an den Tieren im Zoo.

Die Lebensgewohnheiten unserer Haustiere kennen wir meist zur Genüge. Es sollte also gelingen, die vierbeinigen oder gefiederten Mitbewohner in den passenden Situationen zu fotografieren. Setzen Sie Ihre Haustiere dazu ruhig bei gutem Wetter ins Freie. So haben Sie optimale Lichtverhältnisse und die Tiere können sich austoben. Halten Sie Ihre Kamera stets schussbereit. Die tollen Fotogelegenheiten kommen von ganz allein. Versuchen Sie einmal zu fotografieren, wenn die Katze sich putzt, der Hund gerade mit einem Ball spielt oder sich Tierkinder balgen. Gehen Sie dabei mit der Kamera tief nach unten, auf die Höhe der Tiere. Für Aufnahmen von spielenden Haustieren sind kurze Verschlusszeiten und leichte Telebrennweiten zu empfehlen.

Wer sich an seinen Haustieren erfolgreich geübt hat, kann sich auch an größere Tiere heranwagen. Ein Zoo bietet gute

An einem Porträt seines Haustieres kann sich jeder versuchen.

Freien genügend vorhanden sein. Vermeiden Sie auf jeden Fall, Zootiere anzublitzen – wenn dies nicht ohnehin durch die jeweilige Parkordnung verboten ist.

Sport- und Aktionsfotografie

Wenn schon Kinderbilder schnelle Reaktionen, den sicheren Umgang mit der Kamera und ein Gespür für den richtigen Moment erfordern, gilt dies für Sport- und Aktionsaufnahmen erst recht.

Denken Sie jetzt nicht gleich an Formel 1-Rennen oder Fußball-Länderspiele. Wir sollten zunächst in der Nachbarschaft, vielleicht im örtlichen Sportverein, üben. Selbst mit der teuersten Eintrittskarte für einen Weltklasse-Sportwettkampf kommt man in der Regel nicht auf die Plätze, die für ein gelungenes Sportfoto die idealen Standpunkte wären. Beim Fußball beispielsweise wäre das der Platz neben dem Tor, unmittelbar am Spielfeldrand. Hier sitzen aber schon die Pressefotografen. Und die, obwohl sie schon viel näher dran sind als wir Zuschauer, hantieren dann auch noch mit riesigen Telekanonen. Das zeigt, dass die Wahrscheinlichkeit, vom Zuschauerrang aus ein gutes Sportfoto machen zu können, sehr gering ist. In solcher Situation genießt man am besten einfach seine Rolle als Zuschauer.

Zum Training der Sportfotografie eignet sich am besten ein Sportverein, in dem Sie vielleicht selbst, Ihre Familienangehörigen oder Freunde Mitglied sind. Nehmen Sie die Kamera mit zum Training und beobachten Sie genau. Jede Sportart hat ihr besonderes fotografisches Flair. Sehr schnell

Möglichkeiten, Großraubtiere, Giraffen oder Krokodile aus sicherem Abstand zu fotografieren. Hier ist ein gutes Zoomobjektiv an der Kamera von Vorteil. Auch wenn Sie recht nah an die Tiere im Zoo herankommen, benötigen Sie, um sie zu porträtieren, oft Brennweiten von 135 bis 200 Millimeter.

Dass die Tiere meist hinter Gittern sitzen, ist bei Benutzung einer Telebrennweite kein Problem. Wenn Sie nah genug an das Gitter herangehen, wird dieses so unscharf, dass es auf dem späteren Bild fast nicht mehr zu sehen ist. Ein Teleobjektiv nimmt allerdings etwas Licht, aber davon sollte im

In der Sportfotografie bewähren sich kurze Verschlusszeiten und der schnelle Autofokus

werden Sie bemerken, wo bei welcher Sportart die fotografischen Höhepunkte liegen. Die genaue Kenntnis der Materie ist wichtiges Know-How in der Sportfotografie – auch für die Berufsfotografen.

Die meisten Sportarten sind mit schnellen Bewegungen verbunden, die mit sehr kurzen Verschlusszeiten festgehalten werden müssen. Wenn Sie aber genau beobachten, werden Sie feststellen, dass es in vielen Sportarten auch langsamere Phasen gibt, wo man mit längeren Zeiten auskommt. Wenn Sie diese langsameren Phasen abwarten, kommen Sie auch mit längeren Belichtungszeiten immer zu scharfen Aufnahmen.

Bei Auto-, Motorrad-, aber anderen Rennsportarten hat sich das »Mitziehen« der Kamera bewährt. Man belichtet dabei mit einer längeren Verschlusszeit von 1/125 Sekunde und verfolgt im Sucher der Kamera das schnelle Motiv. Während die Kamera mit dem Motiv mit bewegt wird, löst der Fotograf gleichmäßig aus. Mit etwas Übung und Glück ist das schnelle Motiv auf dem Bild dann scharf. Der verschwommene Hintergrund erhöht den Eindruck der schnellen Bewegung. Das nutzen viele Fotografen zur Darstellung von Bewegung aus. Mit einer sehr kurzen Zeit fotografiert, sähe das gleiche Motiv wie eingefroren aus.

Im Winter, wenn es stürmt und schneit

Wenn Sie die Kälte nicht scheuen, werden Sie Ihre Kamera in den Wintermonaten nicht in den Schrank packen oder nur vom warmen Zimmer aus Eisblumen am Fenster fotografieren.

Die besonderen Stimmungen des Winterlichtes zeigen sich an kahlen Bäumen, schneebedeckter Landschaft, Tieren im Winterfell und an mit Schals und Mützen vermummten Kindern. Durch ihre stumpfen

Farben wirken auch Schneefall, Nebel und Graupelschauer interessant. Das Licht eines sonnigen Winternachmittags ähnelt durch seinen Orangeanteil sehr dem Sommerlicht. Neben Farbkontrasten an Schneeflächen – wie farbig leuchtende Hausdächer oder andere Motive – lassen sich am frühen Morgen oder gegen Abend auch ganz zarte Töne einfangen. Sonnige Winterlandschaften haben oft den unverwechselbaren Graublau- oder Grünstich, der durch die Reflexion des hohen blauvioletten Himmelslichtes hervorgerufen wird.

Bei ungünstigen Lichtverhältnissen, wenn Ihre winterliche Fotoexkursion nicht gerade an einem Sonnentag stattfindet, sollten Sie an Ihrer Kamera eine höhere Lichtempfindlichkeit einstellen (ISO 400). Man kann dann problemlos auch aus der freien Hand fotografieren.

Wenn es schneit, bietet es sich an, etwas mit der Belichtungszeit zu experimentieren. Beispielsweise lassen sich Stimmungen bei Schneefall mit längeren Belichtungszeiten sehr reizvoll wiedergeben. Der fallende Schnee bildet sich auf dem Foto in feinen Strichen ab und gibt der Aufnahme Dynamik. Für Aufnahmen bei Schneetreiben haben sich Belichtungszeiten von einer

Auch der Winter hat als lichtarme Jahreszeit seinen besonderen fotografischen Reiz. Aber: Vorsicht beim Belichten!

Sechzigstel bis zu einer Sekunde als günstig erwiesen. Wer ganz sicher gehen will, kommt um Probeaufnahmen oder Belichtungsreihen nicht herum. Bei längeren Belichtungszeiten müssen Sie natürlich ein Stativ verwenden.

Um eine Schneeballschlacht im frisch gefallenen Schnee packend abzubilden, muss man sich auf kurze Verschlusszeiten einstellen.

Schützen Sie Ihre Kamera während der winterlichen Fotopirsch vor »Unterkühlung«, indem Sie die Kamera in einer wärmeisolierten Fototasche oder notfalls auch unter dem Mantel tragen. Mehr denn je müssen Sie nun auf die Batterien achten!

Kreativ sein mit Filtern

Fotografische Aufnahmefilter – so hört man oft – hätten sich in der digitalen Fotografie überholt. Das mag auf den ersten Blick stimmen. Schließlich ermöglicht der Weißabgleich der Canon EOS 300D auch, dass sich die Kamera auf eine bestimmte Lichtzusammensetzung (Sonne, Wolken, Schatten Glühlampen usw.) einstellt. Der Weißabgleich schafft es aber nicht immer, die Lichtzusammensetzung oder die richtige Lichtstimmung auf dem späteren »digitalen« Foto im vollen Spektrum wiederzugeben. Die vielfältigen Konversionsfilter zur Beseitigung von Farbstichen – wie es bei den Farbfilmen üblich sind, müssen oft nicht mehr sein. Auch Effektfilter können heute durch Bildbearbeitungsprogramme am PC schnell und effektiv ersetzt werden. Eine geschickte »PC-Filterung« kostet später am Computer aber sehr viel Zeit und erzeugt oft nicht den gewünschten Gesamteindruck einer fotografischen Aufnahme.

Zwar kann man, wenn einmal die Sonne nicht scheint, später durch entsprechende Warmtöne diesen Effekt am Computer nachvollziehen. Dass bei diesen »Sonnenschein-Bildern« die Schatten fehlen und der Himmel nicht in Ordnung ist, sehen meist

> # Tipp:
>
> ### Polarisationsfilter
> - Polarisationsfilter auch für digitale Kameras nützlich
> - für Canon EOS 300D nur Zirkular-Polarisationsfilter
> - Linearpolarisationsfilter funktionieren vor modernen TTL- und AF-Kameras nicht richtig
>
> ### Grau-Verlaufsfilter
> - ermöglichen bewusste Unterbelichtung von bestimmten Teilen eines Motivs und Kontrastminderung
> - Himmel kann um eine oder zwei Blendenstufen unterbelichtet werden, erscheint so kräftiger
>
> ### UV- und Skylight-Filter
> - reduzieren den durch die Luftperspektive oder die Grün nach Blau-Verschiebung entstandenen leichten Blaustich der Fernsicht

nur erfahrene Fotografen. So sind auch in der digitalen Fotografie bestimmte Filter sehr nützlich.

Das trifft vor allem für den Polarisationsfilter zu. Er führt in der Landschaftsfotografie zu einer besseren Farbdifferenzierung bzw. -sättigung, die sich in einem kräftigen Himmel mit »duftigen« Wolken zeigt. Auch Gebäude setzten sich so in ihrem Umfeld besser ab. Außerdem schwächt der Polarisationsfilter Reflexe auf nichtmetallischen Oberflächen ab.

Achten Sie bei Filtern immer auf die Qualität und den Grad der Vergütung. Mehrfach vergütete bringen vor Hochleistungsobjektiven Top-Leistungen. Sie sind allerdings nicht billig.

Ein Polfilter schwächt nicht nur Spiegelungen ab sondern sorgt auch für eine gute Farbdifferenzierung. Besonders bei Landschaftsaufnahmen ist er deshalb auch in der digitalen Fotografie unerlässlich.

Und ab in den Computer –
die Arbeit im digitalem Fotostudio

Bisher haben wir uns mit der kameratechnischen Seite der digitalen Fotografie beschäftigt. Im folgenden wollen wir uns ansehen, was Sie mit Ihren digitalen Daten machen können, nachdem Sie die Aufnahmen erst einmal »im Kasten« – also in Ihrer Kamera – gespeichert haben.

Sicher haben Sie sich Ihre Bilder schon einmal auf dem in die Canon EOS 300D eingebauten, kleinen, nur gering auflösenden und analog arbeitenden TFT-LCD-Farbmonitor angesehen. Dieser Monitor liefert ein Kontrollbild, das eine erste Bildbeurteilung ermöglicht. Eine bessere Sicht auf Ihre Aufnahmen haben Sie, wenn Sie Ihre Kamera an Ihr TV-Gerät anschließen und die Bilder hier betrachten.

Wenn Sie Ihre Bilder gleich auf Papier sehen und herumreichen wollen, schließen Sie Ihre Kamera an einen Drucker an und

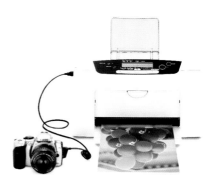

Canon EOS 300D über Kabel mit dem Drucker verbunden

legen sofort mit dem Ausdrucken los. Wenn Sie Ihre Bilder ausdrucken möchten, können Sie sich den Weg über den Computer auch sparen und direkt über den Direktdruck-Standard PictBridge und Canon Direct Print mit einem Canon Fotodrucker – meist Tintenstrahl(Inkjet)–Drucker – ausdrucken. Das mag von Fall zu Fall sinnvoll sein, ist aber generell nicht der optimalste Weg.

Für eine anspruchvolle und universelle Nutzung Ihrer digitalen Kamera benötigen Sie Ihren Computer: nicht nur zur Bearbeitung Ihrer Bilder, sondern auch, um sie zu speichern und zu archivieren. Dabei ist es egal, ob sie mit einem Windows-PC arbeiten oder Macintosh-Anwender sind. Die Kamera und die mitgelieferte Software kommen mit beiden Systemen klar.

Im folgenden wollen wir deshalb die ersten wichtigen Schritte auf dem Weg von den digitalen Daten Ihrer Kamera zu Fotografien besprechen.

Die Software, die Sie für diese ersten Schritte benötigen, bekommen Sie mit Ihrer Canon EOS 300D mitgeliefert.

Tipp:

Beeindruckt Ihre Gäste: TV-Diashow
- Canon EOS 300D mit dem zum Kamera-Set mitgelieferten Videokabel an den heimischen TV anschließen → Vorführen der gerade geschossenen Bilder in einer TV-Diashow (siehe auch Bedienungsanleitung)
- danach: Bilddateien, die gefallen, in den PC übernehmen

Für ganz Eilige
- über DirektPrint-Funktion der Canon EOS 300D Bilder direkt in der Kamera auswählen → mit einem Canon-Drucker ausdrucken
- Kamera und Drucker dazu mit einem USB-Kabel verbinden
- Anzahl der Ausdrucke, Druckstil und -format an der Kamera vorwählen

Maßstab für Schnelligkeit und Qualität – die Hardware

Wenn Sie die elektronische Bildverarbei-tung (EBV) ernsthaft betreiben wollen, ist ein leistungsstarker Computer wichtig. Ob er mit einem Windows-Betriebssystem oder mit Mac OSX arbeitet, ist nicht entschei-dend, da sich Ihre Kamera und deren Software mit beiden Systemen versteht.

Da die meisten Anwender – oder neu-deutsch: »User« – mit einem Windows-PC arbeiten, beziehen wir uns in unseren einfüh-renden Betrachtungen auf Windows-Betriebs-system (insbesondere Windows XP).

Damit Ihnen die Arbeit am PC Spaß macht, ist eine hohe Taktfrequenz günstig. Heute gehören Taktfrequenzen von 2,4 bis 3 GHz (Gigahertz) schon zum guten Ton. Die sind auch notwendig, denn mit höherer Auflösung wird die Datenmenge, die Ihr PC bewältigen muss, immer größer. Die Canon EOS 300D schlägt in einer vollen Auflösung von 6,29 Millionen Pixel mit einer späteren TIFF-Datei von 17 MB schon ganz schön zu Buche. Um solche Datenmengen im Arbeits-speicher (RAM) verarbeiten zu können, muss dieser auch ziemlich groß sein. Der RAM sollte mindestens fünf bis zehnmal so groß sein wie die Bilddatei.

Wichtige Ausstattungsmerkmale eines Computers sind außerdem eine große und schnelle Festplatte sowie die notwendigen Schnittstellen wie USB-Anschlüsse und Karteneinschübe. Auch Größe und Qualität Ihres PC-Monitores spielen für die EBV ein wichtige Rolle. Auf dem Monitor werden schließlich die »digitalen« Aufnahmen in voller Pracht angezeigt und begutachtet. In punkto Farbwiedergabe und Größe kann er also gar nicht gut genug sein.

Die bisherigen Darstellungen sollten Sie nicht erschrecken und zum Sofortkauf eines neuen PC drängen. Die EBV funktioniert auch an älteren Computern. Allerdings muss man hier bei einer anspruchsvollen Bildbearbeitung schon einige Zeit warten,

Tipp:

Optimum an Hardware für die Bildbearbeitung

- Prozessor: Intel Pentium 4 oder AMD Athlon XP Taktfrequenz: 2 bis 3 GHz
- Arbeitsspeicher (RAM): mindestens 256 MB, besser 512 und höher Festplatte: 40 bis 160 GB, hohe Umdrehung (720 U/Min.), besser: zwei separate Festplat-ten (z.B. 40 und 120 GB) hoch auflösen-de Grafikkarte: 64 – 128 internen Spei-cher schneller CD-R/RW-Brenner
- DVD-Multinormbrenner (DVD -/+)
- Anschlüsse: USB 1.1 besser USB 2.0, möglichst FireWire-Schnittstelle (IEEE1394)
- Monitor: 17 oder 19 Zoll-Röhrenmonitor, besser 21 Zoll
- hochauflösender Fotodrucker mit separa-ten Farbtanks (Kostenreduzierung)
- Betriebssystem: Windows XP

USB-Anschluss

- an modernen Computern immer vorhan-den
- wenn nicht: USB-PCI-Steckkarte (am besten: USB 2.0-PCI-Steckkarte) einbauen
- Canon EOS 300D kommuniziert nur über einen USB-Anschluss mit dem Computer.

TFT-Farbmonitor oder Röhrenmonitor

- TFT-Monitore (Flachmonitore) immer belieb-ter, weil: platzsparend
- Farbdarstellung sehr hochwertiger und damit sehr teurer Flachmonitore besser und konstanter als bei klassische Röhrenmonito-ren
- Preis-Leistungsverhältnis beim 19- oder 21-Zoll-Röhrenmonitor derzeit besser als beim TFT-Monitor

bis bestimmte Funktionen ausgeführt wor-den sind und das kann nerven.

Wenn Sie digitale Fotografie und elektro-nische Bildbearbeitung am Computer in einer akzeptablen Zeit betreiben wollen, brauchen Sie einen schnellen Prozessor, einen umfangreichen Arbeitsspeicher und eine große Festplatte.

Von entscheidender Bedeutung: der Monitor

Wir haben gerade gesagt, dass der Monitor Ihres Computers die erste und wichtigste Möglichkeit ist, Ihre digitalen Bilddaten als analoge Bilder zu begutachten. Von der Farbdarstellung Ihrer Bilder auf dem Monitor hängt auch die Qualität des später geprinteten Fotos ab. Zeigt der Monitor die Farben und Kontraste falsch an, hat man an den geprinteten oder ausbelichteten Bildern später nicht viel Freude. Deshalb hier einige Hinweise zur richtigen Einstellung des Monitors.

Diese Hinweise gelten vor allem für Einsteiger und digitale Fotografen, die nicht professionell mit Farbkalibriersystemen und sogenannten ICC-Profilen arbeiten. (Im professionellen Bereich wird mit angepasstem Farbmanagement mit kalibrierten Monitoren gearbeitet.)

Neben den Grundeinstellungen eines Monitors sind auch sein Standort und die natürliche Raumbeleuchtung wichtig. Achten Sie darauf, dass Ihr Monitor keiner direkten Lichtstrahlung ausgesetzt ist oder unerwünschte Reflexionen auf den Bildschirm kommen.

Kontrast, Helligkeit und Farbtemperatur können Sie am Monitor selbst einstellen. Stellen Sie den Kontrast auf den höchsten Wert ein. Mit den Farbtemperaturen muss man immer erst einige Erfahrungen sammeln. Meist sind Einstellungen von 9300° Kelvin bis 5000° Kelvin möglich. Die Auswahl 9300° Kelvin (mehr blau) ist günstig, wenn Sie meist bei Tageslicht arbeiten. Bei Kunstlicht sollten Sie in wärmere Bereiche (6500° Kelvin) wechseln.

Nehmen Sie sich die Zeit, Ihren Monitor optimal farblich abzustimmen. Dann können Sie Ihre Bilder aus der Kamera holen und am Computer bearbeiten, ausdrucken, als Email versenden oder als klassisches Bild in einem Labor ausbelichten lassen.

Tipp:

Die richtige Monitorauflösung

- Monitor-Bildschirmauflösung auf mindestens 1023 x 768 Punkte einstellen (in der Systemsteuerung/Anzeige)
- maximal darstellbare Farbanzahl wählen (16,7 Millionen Farben)
- Bildwiederholfrequenz (Bildschirmaktualisierungsrate) > 75 Hertz (abhängig vom verwendeten Monitor, der eingebauten Grafikkarte und zugehörigem Video-RAM)
- Farbmanagement sRGB einstellen (entspricht einem durchschnittlichen Standard, mit dem gute Ergebnisse erzielt werden)

Von »alten Hasen« belächelt: Farb- und Kontrastabstimmung

- mit Hilfe einer Seite weißen Schreibmaschinenpapiers bei weißem Monitorbild Kontraste und Helligkeit anpassen
- im Computer ein Bild mit gut bekannter Farbzusammensetzung öffnen
- einen sehr guten Fotoabzug vom selben Motiv neben dieses Monitorbild halten → Farbe des Monitors angleichen

Einfaches Hilfsmittel für gute Bildschirmbeurteilung

aus schwarzem Bastelkarton eine Art Gegenlichtblende am Monitor befestigen (mit Klebeband) → schirmt Monitor vor störendem Umgebungs- oder Streulicht ab

Nicht ein und dasselbe: Monitor- und Druckerfarben

Profis schwören auf sogenannte ICC (International Color Consortium)-Farbprofile und investieren sehr viel in die Farbkalibrierung von Monitor, Drucker und weiteren Peripheriegeräten. Das ist eigentlich auch notwendig, für Einsteiger aber zu aufwändig.

Beachten Sie aber bitte, dass das Monitor-Bild sich anders zusammensetzt (additive Farbsynthese) als der spätere Ausdruck auf einem Drucker oder ein ausbelichtetes Foto (subtraktive Farbsynthese). Das heißt: Monitorbild und Print müssen nicht immer identisch sein. Hier hilft vor allem Üben, Erfahrung sammeln und die Farben an Hand des ausgedruckten Motivs anpassen.

Auch Ausgabegeräte wie Drucker oder Fotopapierbelichter in Fotolaboren, die zugehörigen Farben, das Druck- oder Fotopapier müssen abgestimmt werden. Es kann deshalb vorkommen, dass Bilddaten, die Sie per Internet oder auf CD-R gebrannt zum Ausbelichten weitergeben, nicht mehr so aussehen wie am heimischen PC oder wie mit dem eigenen Drucker ausgedruckt.

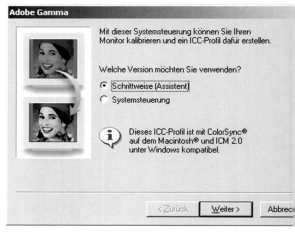

Mit Hilfe des Adobe Gamma können Sie Ihren Monitor schnell kalibrieren

Tipp:

Monitorkalibrierung

- Die Bildbearbeitungssoftware Adobe Photoshop und Photoshop Elements enthält in der Systemsteuerung von Windows das »Adobe Gamma«, ein Tool zum Erstellen eines eigenes Monitorprofils
- vor dem Start von Adobe Gamma für gleichmäßiges Umgebungslicht sorgen
- Adobe Gamma starten → schrittweises Vorgehen mit dem Assistenten auswählen
- als Ausgangsprofil sRGB festlegen
- Regler für Kontrast und Helligkeit auf maximale Werte stellen (mittlerer Kasten soll so dunkel wie möglich, aber nicht schwarz aussehen, äußerer Rahmen muss weiß leuchtend sein)
- die Phosphorfarben des Monitors einstellen
- Zielgamma eingeben (vorerst Windows-Standard von 2,2 lassen, bei Erfahrung mit EBV: verringern)
- den Weißpunkt des Monitors messen → auf schwarzen Monitor: drei Quadrate → auf das rechte (mehr warm) oder linke (mehr kalt) Quadrat klicken, bis mittleres Quadrat neutralen Grauton angenommen hat)
- Ergebnis ihres Monitorprofils noch einmal prüfen und abspeichern

Unerlässlich zum betrachten, bearbeiten und ausgeben von Bildern – die Software

Die Welt ist so schnell digital geworden, dass vielen gar nicht mehr bewusst ist, dass auch digitale Bilddaten eigentlich nur eine Ansammlung von Ja/Nein-Informationen im Binärcode sind. Diese nützen uns gar nichts, wenn wir nicht über die zum Entschlüsseln notwendige Hard- und Software verfügen. Zur Hardware gehört Ihr Computer ebenso wie Ihre Canon EOS 300D, die mit dem PC Bilddaten austauscht.

Damit der Computer diese einzelnen Informationen wieder zu einem Bitmap-Bild zusammen basteln kann, benötigt er eine entsprechende Software. Sie ermöglicht das Betrachten der Bilder am Monitor und einen späteren Ausdruck. Die zunehmende Bedeutung der Fotografie mit Pixeln hat dazu geführt, dass schon das Betriebssystem Windows XP von Microsoft mit allem möglichen ausgerüstet ist, um auch digitale Fotografien anzuzeigen.

Um die vielfältigen Funktionen der Canon EOS 300D gut nutzten zu können wurde speziell für digitale EOS-Kameras die Software »EOS Digital Solution Disk, Version 6« entwickelt, die Sie mit Ihrer Kamera erhalten haben.

Ihre Kamera kann Bilddaten nicht nur im RAW-Format, sondern auch im für Digitalkameras typischen JPEG-Format speichern. Die JPEG-Daten können Sie auch ohne das Software-Paket »EOS Digital Solution Disk, Version 6« herunterladen. Das ist aber nur empfehlenswert, wenn Sie bereits über ein Bildbearbeitungsprogramm und einen guten Browser für die Bildanzeige verfügen. Der Windows XP Browser ist hier dank seiner Druckfunktion zwar sehr hilfreich, ersetzt aber nicht den ZoomBrowser von Canon. Alle in den Dateien versteckten Zusatzinformationen – wie Einstellung der Kamera, Auflösung, Aufnahmedatum, aktives AF-Messfeld – zeigt er nicht an.

Für eine komplexe Bildbearbeitung benötigen Sie eine spezielle Software mit vielfältigen Funktionen und Korrekturmöglichkeiten.

Wenn Sie das zu Ihrer Kamera mitgelieferte Bildbearbeitungsprogramm »Adobe Photoshop Elements 2.0« schon auf Ihrem Rechner installiert haben, sind Sie fürs erste gut für den Einstieg in die digitale Bildbearbeitung gerüstet. In diesem Programm finden Sie alle notwendigen Tools zur Optimierung Ihrer Bilder. Das Einsteiger-Programm selbst bietet darüber hinaus viele Lehrgänge und Tipps, die den Weg für eine kreative Bildbearbeitung ebnen.

Einige Bildbearbeitungsprogramme

Für Einsteiger	Für Forgeschrittene und Profis
Adobe Photoshop Elements 2.0 (wird mitgeliefert) CorelDraw Essentials PhotoImpact 8 PhotoLine 32 9.0	Adobe Photoshop 6.0, 7.0 und CS Corel Phot-Paint 9, 10 und 11 im CorelDraw-Paket

Das Software-Paket »EOS Digital Solution Disk, Version 6« im Überblick

Ihr Software-Paket teilt sich in zwei Bereiche: Mit der File Viewer Utility haben Sie ein Tool zum Ansehen, Bearbeiten und Speichern von Bildern in den Händen. Der dabei integrierte Zoom-Browser EX/PhotoRecord ermöglicht eine schnelle Übersicht über die aufgenommenen Bilder. Die Software wurde insbesondere für das Öffnen und Bearbeiten von Bildern im kameraeigenen RAW-Format entwickelt. Dafür ist sie unbedingt notwendig. Das RAW-Format ist vor allem für fortgeschrittene Fotografen interessant.

Die Software verfügt über alle notwendigen Treiber (TWAIN- und WIA-Treiber), um mit dem Computer zu kommunizieren und auf unterschiedlichsten Wegen die Bilder von der Kamera auf die Festplatte oder in ein anderes Programm für die Bildbearbeitung zu laden.

Mit der Software PhotoStitch können Sie mehrere Bilder auf einfache Weise zu Panoramaaufnahmen verknüpfen.

Die Software RemoteCapture dient zum direkten Steuern der Kamera über den Computer. Diese Funktion ist günstig, wenn die Bilder zu Hause oder in einem Studio direkt in den Computer gelangen sollen.

In einem ausführlichen Handbuch werden alle Funktionen genauestens beschrieben.

Ab geht's: Übertragung der Daten von der Kamera in den PC

Wenn Sie den vorhergehenden Abschnitt beachtet und die Software-Pakete auf Ihrem Computer installiert haben, steht dem Herunterladen Ihrer Daten auf die Festplatte nichts mehr im Wege. Bei der Canon EOS 300D geht das auf zwei Wegen: über ein USB-Kabel oder gänzlich kabellos durch direktes Auslesen der CF-Karte mit einem Kartenlesegerät. Sie können sich für eine der beiden Varianten entscheiden.

Sehen wir uns zunächst die »Kabel-Methode« an.

Hierfür muss Ihre Kamera erst einmal mit dem Computer verbunden werden. Öffnen Sie dazu bei abgeschalteter Kamera die flexible Kontaktabdeckung und stecken Sie den USB-Stecker in die Buchse [DIGITAL].

USB-Verbindung an der Kamera

Das USB-Symbol (s. Abb. oben roter Kreis) muss dabei zur Kameravorderseite zeigen.

Das andere Ende des Kabels muss in den USB-Anschluss Ihres Computers. Jetzt steht einem Datenaustausch nichts mehr im Wege. Wenn Ihr Computer »hochgefahren« ist, können Sie die Kamera mit dem Power-Schalter [ON] einschalten. Sie meldet sich dann auf Ihrem PC.

Sie können nun das Canon-Programm »File Viewer Utility« starten und die Bilder mit diesem Programm anzeigen und auf die Festplatte übertragen lassen.

Wenn Sie sich das Programm »File Viewer Utility« genauer ansehen, werden Sie feststellen, dass es eine große Anzahl von Funktionen und auch Teile eines Bildbearbeitungsprogramms enthält. Wer zukünftig mit RAW-Daten von Bildern umgeht, wird lernen müssen, mit diesem Programm umzugehen. Der einfachere Weg, JPEG-Bilddaten von der Kamera herunter zu holen, ist

der, sie über das Windows-Betriebssystem direkt herunterladen und auf Festplatte speichern oder gleich in ein Bildbearbeitungsprogramm zu ziehen. Das ginge aber nur bei JPEG-Bildern, nicht bei RAW-Daten.

Wenn Sie Windows XP haben, können Sie den Windows Explorer-Assistenten nutzen und Ihre JPEG-Daten schnell und unkompliziert auf die Festplatte kopieren. Dafür müssten Sie Ihre Canon EOS 300D in den Übertragungsmodus PTP stellen. Sie können aber auch mit dem WIA TWAIN-Treiber arbeiten. Bilddaten, die Sie auf Ihren PC herunterladen wollen, finden Sie in einem Ordner auf Ihrer CF-Karte. Die Daten befinden sich im Unterordner [xxxCANON] und sind am Dateinamen IMG_xxxx.JPG erkennbar (xxx = 100 bis 999). Informieren Sie sich über diese Verzeichnisstruktur. Wenn Sie eine Verbindung zwischen Computer und Kamera über das USB-Kabel hergestellt und den Power-Schalter auf »ON« gestellt haben, erscheint auf dem Bildschirm [EOS 300D]. Wählen Sie nun [Microsoft-Scanner- und Kamera-Assistent] aus und klicken auf

Tipp:

Verwendung von File Viewer Utility

- JPEG-Bilddaten mit File Viewer Utility der Canon-Software holen → Kamera auf Verbindungsmodus »Normal« einstellen
- dazu über Registrierkarte des Kameramenüs die Option [Verbindung] heraussuchen und diese auf »Normal« stellen

Direktes Herunterladen von JPEG-Bildern (mit Windows XP)

- Kamera auf Verbindungsmodus »PTP« einstellen (PTP = Picture Transfer Protocol)
- über Registrierkarte des Kameramenüs die Option [Verbindung] heraussuchen und »PTP« einstellen

[OK]. Klicken Sie auf [Weiter]. Im Dialogfeld »Bilder« erscheint nun »Zum kopieren auswählen« und die JPEG-Bilder werden als Miniaturansichten dargestellt. Sie können jetzt die Bilder auswählen, die Sie auf der Festplatte speichern wollen. Dazu verwenden Sie die gängigen PC-Befehle. Wenn Sie mit der linken Maustaste auf ein Bild klicken, markieren Sie dieses. Sie können mehrere Bilder gleichzeitig markieren, wenn Sie bei

Tipp:

Ordnerstruktur und Dateiname auf der CF-Karte

Bilder auf der CF-Karte werden innerhalb des Ordners DCIM in Unterordnern abgelegt.

DCIM → xxxCANON
     → IMG_xxxx.JPG (JPEG-Bilder)
     → CRW_xxxx.CRW (RAW-Bilder)
     → CRW_xxxx.THM (Bild zur Anzeige der Kameraübersicht)

(xxxx steht für eine vierstellige Zahl.)

Bildnummerierung

- Canon EOS 300D bietet laufende Nummerierung von Bilddaten an
- entweder: ständig fortlaufend nummerieren lassen (Sie wissen dann, wie viele Aufnahmen Sie mit Ihrer Kamera bereits geschossen haben.)
- oder: bei jedem CF-Karten-Wechsel von vorne beginnend zählen

gedrückter Strg-Taste klicken. Alle Bilder markieren Sie mit der Tastenkombination [Strg] und [A] oder durch klicken auf die Schaltfläche [Alle auswählen].

Um die ausgewählten Bilder zu speichern, müssen Sie einen Dateinamen und einen Speicherort angeben. Ist das erfolgt, klicken Sie auf [Weiter] und die Bilder werden in den Ordner heruntergeladen. Wenn Sie selbst keinen Speicherort angeben, wählt Windows XP [Eigene Bilder] als Speicherort aus. Nach dem Herunterladen klicken Sie auf das Optionsfeld [Nichts], dann auf [Weiter] und beenden durch klicken auf [Fertig stellen].

Das war's. Ihre Bilder befinden sich nun auf der Festplatte Ihres PC.

Noch einfacher geht das Ganze mit dem Windows-Explorer: Schließen Sie die Kamera mit dem USB-Kabel an den Computer an. Schalten Sie ein und starten Sie den Windows-Explorer. Im linken Verzeichnisbaum finden Sie das Kamerasymbol und EOS 300D. Nun erfolgt ein Doppelklick im Explorer auf das Symbol [EOS 300D].

Öffnen Sie den Ordner xxxCanon. Ihre JPEG-Bilder werden jetzt in Form von Miniaturen angezeigt. Sie können sie wie normale Dateien auswählen und in Ordnern auf der Festplatte speichern. Das geht am schnellsten durch Ziehen mit der Maus und Ablegen in einen ausgewählten Zielordner.

JPEG-Bilder können Sie auch gleich in Ihr Bildbearbeitungsprogramm ziehen. Starten Sie dazu nach Anschluss der Kamera das Programm Adobe Photoshop Elements. Wählen Sie den Befehl [Importieren] unter dem Menü [Datei] aus. Die Bilder können nach dem Laden in einem Ordner gespeichert werden. Dabei können Sie bereits ein anderes Datenformat und vor allem einen passenden Dateinamen verwenden.

Noch eleganter und schneller geht es über ein Kartenlesegerät oder einen Einbau-Kartenleser. Wer in seinem Computer bereits über einen Einbau-Kartenleser verfügt oder ein entsprechendes USB-Multi-Slot-Kartenlesegerät besitzt, kann gänzlich auf die Verkabelung von Kamera und Computer verzichten.

Das direkte Auslesen der Daten von der CF-Karte hat dabei gleich mehrere Vorteile. Zum einen geht es direkt von der Karte schneller. Das Betriebssystem erkennt die

Hama Kartenlesegerät

Tipp:

Ladezeit bei der Bildübertragung
- Zeit für Herunterladen der Bilddateien anhängig von deren Anzahl und Größe und vom verwendeten USB-Anschluss
- wenn kein schneller USB 2.0-Anschluss vorhanden ➡ Computer nachrüsten oder direkte Übertragung durch Kartenlesegerät sichern

Energie sparen beim Herunterladen
- Kamera während des Herunterladens über USB-Kabel direkt von der Steckdose aus mit Netzteilgarnitur ACK-E2 betreiben
- Netzteilgarnitur ACK-E2 lohnt sich insbesondere, wenn Kamera auch mit der Canon-Software RemoteCapture häufig direkt mit dem PC bedient werden soll

CF-Karte als Wechselspeichermedium mit direktem Zugriff. Zum anderen können Sie mit einer neuen CF-Karte in der Kamera gleich wieder fotografieren, während die andere Karte gerade ihre Daten an den Computer abgibt.

Jetzt ran an die Bilder: die Arbeit am Computer beginnt

Ihre digitalen Bilder sind jetzt auf der Festplatte Ihres Computers. Wir können also in die Verwaltung, Optimieren und Langzeitarchivierung Ihrer fotografischen Arbeiten einsteigen.

Das richtige Datenformat
Die unveränderten Bilder befinden sich, so wie die Kamera sie aufgenommen hat, im JPEG-Format auf der Festplatte des Computers, wo sie gespeichert und damit vorerst gesichert sind. Das JPEG-Format ist ein universelles, speziell für Bitmap-Bilder entwickeltes Datenformat. Durch eine effektive und einstellbare, aber verlustbehaftete Kompression reduziert es die in der Bildbearbeitung anfallenden großen Datenmengen.

Die meisten Computer-Maschinen und Programme erkennen JPEG-Daten, können sie lesen und aus dem binären Maschinencode wieder Bilder aufbauen. Für eine Weiterverarbeitung und für die Langzeitarchivierung sollten Sie das JPEG-Format aber besser nicht verwenden.

Sehen wir uns zum besseren Verständnis einmal einige Bilddaten-Formate an. In den

Tipp:

Direkter Zugriff auf Kartenlesegerät durch Canon-Software
- Software File Viewer Utility greift über Kartenlesegerät direkt auf die Bilder zu
- vor allem für Herunterladen, Bearbeiten und Konvertieren von RAW-Daten wichtig.

Datensicherung/Zwischenspeicherung
- transportabler PC (Notebook) mit großer Festplatte ist auch im Urlaub idealer Zwischenspeicher für Bilddaten
- Notebooks haben universellen PC-Card-Slot ➡ hier passt PCMCIA-CF-Kartenadapter hinein
- CF-Karte kann schnell ausgelesen und gleich wieder zur Aufnahme verwendet werden
- aber: Vorsicht bei Bildoptimierung (TFT-Farbmonitore der Notebooks meist klein und nicht sehr leistungsfähig)

Mit sogenannten mobilen DataSafes können Sie Ihre Bilddaten auch ohne PC zwischenspeichern und damit sichern. Foto: Hama

Informationsverlust durch Komprimierung
Links wurde mit einer geringen Komprimierungsrate gearbeitet – das liefert Bilddateien ohne nen-
nenswerte Verluste. Wird dagegen sehr stark komprimiert – wie hier rechts – führt das zu Fehlern im
Bild, insbesondere in homogenen Flächen

Anfängen der digitalen Bildbearbeitung hat sich ein nahezu unüberschaubarer »Dschungel« an Datei- und Bildformaten entwickelt. Einige dieser Formate dienen auch zur Datenkompression, wie das JPEG-Format. Ein weiteres gebräuchliches Format ist das TIFF-Format – ebenso wie JPEG ein universelles Format. Beide – TIFF und JPEG – sind nicht an spezielle Grafik- und Bildbearbeitungsprogramme gebunden. Andere Formate können nur in den zugehörigen Bildbearbeitungsprogrammen geöffnet werden. Dazu gehören zum Beispiel die Adobe Photoshop-Formate PSD, PDD, EPS, PDF und das CPT- Format von Corel PhotoPaint. Diese speziellen Grafik- und Bildformate kann man nur über sogenannte Filter in anderen Bildprogrammen öffnen. Nicht alle Programme enthalten solche Filter. Man

kann also spezielle Datenformate nicht in allen Bildbearbeitungsprogrammen öffnen. Nutzen Sie deshalb am besten universelle Datenformate wie JPEG oder TIFF.

Übrigens – Sie ahnen es sicher schon: Auch die RAW-Daten Ihrer Kamera sind spezielle Datenformate. Sie sind an die Canon-spezifische Software gebunden. Dateiformate unterscheiden sich grundsätzlich hinsichtlich Farbtiefe, Auflösung und Kennzeichnung der Bildgröße. Auch im Speicherplatzbedarf gibt es große Unterschiede. Die Canon EOS 300D speichert wichtige Informationen zur Einstellung der Kamera wie ISO-Wert, Blende, Verschluss, Bildgröße, Blitzfunktion in einer Hilfsdatei (EXIF-Datei), die der Bilddatei angehängt ist. Vollständig können diese Informationen aber nur durch die Canon-Software ange-

Die gängigen Dateiformate

RAW-Daten
unkomprimierte und unbearbeitete Rohdaten
(kameraspezifische Daten), lassen eine weitge-
hende, nachträgliche Korrektur zu

TIFF (.tif) – Tagged Image File Format
universelles Dateiformat für Bitmap-Bilder
Grafiken, Graustufen und Echtfarbenbilder
werden mit 24 Bit und höherer Farbtiefe ohne
Komprimierung oder mit verlustloser Komprimierung gespeichert.

JPEG (.jpg) – Joint Photographic Experts Group
für Komprimierung von digitalen Echtfarbenbil-
dern entwickelt
Stärke der Kompression ist wählbar (reicht von
kaum sichtbaren Verlusten – Komprimierung ca.
1 : 5 – bis zu deutlichen Fehlern im Bild)

Tipp:

EXIF-Hilfsdatei mit Aufnahmedaten

- EXIF-Hilfsdateien gehen beim Umwandeln der Datenformate meist verloren
- wer Aufnahme-bezogene Daten (Datum, Aufnahmesituation, verwendete Einstellun-gen) braucht, muss diese Original-Daten für lange Zeit sichern → kostet viele CDs oder DVDs zusätzlich

Checkliste zum Speichern von Bilddaten

- keine Original-JPEG-Daten am Computer bearbeiten und wieder speichern – die Qualität nimmt durch erneute Komprimie-rung ab
- kameraseitige Hilfsdateien, wenn nötig extra zu den JPEG-Daten speichern
- JPEG-Daten nach dem Herunterladen auf dem Computer in TIFF-Daten umwandeln
- Einsteiger sollten Original-JPEG/TIFF-Daten in einem speziellen Ordner sichern
- bearbeitete Daten in einem gesonderten Ordner ablegen → Originaldaten bleiben erhalten, wenn beim Optimieren etwas schief geht
- Daten regelmäßig auf CD-R oder DVD-R sichern und archivieren

Das Kind muss einen Namen haben

- Bezeichnung IMG0457.tif nutzt in weni-gen Jahren nicht mehr viel (außer es handelt sich um ein Bitmap-Bild im TIFF-Format)
- bei Suche nach einem bestimmten Motiv kann Bild-Browser von Windows XP oder Adobe Photoshop Elements zwar weiter helfen → kostet aber viel Zeit
- von vornherein: bestimmtes Ordnungsprin-zip für Bilddaten festlegen
  Beispiel: Ordner, in dem Bilder abgelegt werden benennen, z.B. [Urlaub in ... 0803] jedes Bild in dem Ordner benen-nen und nummerieren, z.B. [Urlaub Famili-enbild Ort 02 0803.tif]. – Jetzt weiß man, dass das Familienbild im Urlaub am 2. August 2003 aufgenommen wurde.

zeigt werden. Andere Bildbearbeitungspro-gramme können die Informationen gar nicht oder nur eingeschränkt anzeigen. Auch Windows XP zeigt nur wenige Informatio-nen an.

Die Canon EOS 300D speichert die digitalen Bilddaten auch im JPEG-Format. Das spart Platz auf der CF-Karte und er-möglicht ein schnelles Ablegen der Daten. Das JPEG-Format als komprimierter Daten-satz ist in mehrfacher Hinsicht für die nach-folgende Bildbearbeitung und Langzeitar-chivierung wenig geeignet.

Sie sollten Ihre Bilder prinzipiell in einem Bildbearbeitungsprogramm – beispielswei-se in dem mitgelieferten Adobe Photoshop Elements – öffnen, sie umgehend ins TIFF-Format konvertieren und dann speichern.

Das hat mehrere Vorteile. Zum einen sind die Bilddaten jetzt im universellsten Daten-format, das alle gängigen Bildbearbei-tungsprogramme problemlos öffnen und weiterverarbeiten können. Zum anderen gehen beim Bearbeiten und Speichern keine Bilddaten durch erneute Komprimie-rung verloren und die Bilder sind nun für eine Langzeitarchivierung geeignet.

Allerdings haben Sie es bei diesem Vorgehen mit großen Datenmengen zu tun.

Große Festplatten oder Backup-Medien wie CD-R und DVD-R haben hier aber genü-gend Reserven.

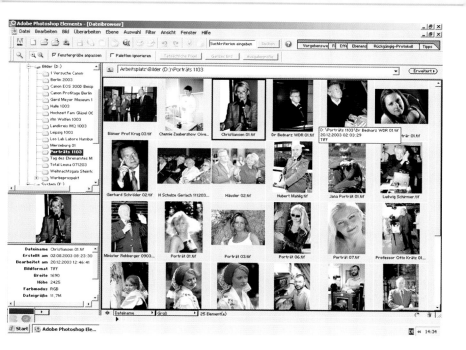

Der Dateibrowser von Adobe Photoshop Elements 2.0 ermöglicht einen schnellen Überblick über Ihre Aufnahmen

Bis es »top« ist: Einführung in die Bildoptimierung

Im folgenden Abschnitt geht es um einen Einstieg in die Bildbearbeitung- und Optimierung mit dem Programm Adobe Photoshop Elements.

Auch wenn die Canon EOS 300D aufnahmeseitig fast immer ein optimales Ergebnis und damit gut belichtete Bilder liefert, kann man am Computer immer noch etwas tun, zum Beispiel, um die ursprüngliche Farbstimmung der Aufnahmesituation auf der Fotografie exakt wieder zu geben. Manchmal wird auch etwas mehr Kontrast benötigt als eigentlich da gewesen ist. Die Möglichkeit der Bildoptimierung ist die

absolute Stärke der digitalen Fotografie – neben der sofortigen Verfügbarkeit der Aufnahmen.

Starten Sie Ihr Adobe Photoshop Elements und sehen Sie sich die vielfältigen Möglichkeiten der Bildoptimierung an.

Der Dateibrowser

Bildprogramme (und auch das Betriebssystem Windows XP) haben einen Bild-Browser der sehr schnell kleine Miniaturansichten von allen in Ordnern befindlichen Bildern erstellt. So haben Sie neben dem Dateinamen sehr schnell auch die eigentliche Information zum Bild.

Wenn Sie in der Menüleiste [Fenster] anklicken, finden Sie im Untermenü den Eintrag [Dateibrowser]. Klicken Sie darauf und der Dateibrowser öffnet sich sofort. Ähnlich dem Windows-Explorer zeigt er auf der linken Seite den Verzeichnisbaum mit allen internen und externen Laufwerken. Hier können Sie nun in dem entsprechenden Laufwerk (Festplatte, CF-Karte, CD- und DVD-Laufwerk) den Ordnern öffnen, in dem sich die Bilder befinden. Sie werden Ihnen als Miniaturbilder angezeigt.

Tipp:

Schneller Zugriff mit Photoshop Elements 2.0

- CF-Karte über ein Kartenlesegerät mit PC verbinden – Inhalt der Karte anzeigen lassen – JPEG-Bilder gleich ins Programm holen
- Achtung: bis zum Abspeichern der Bilder auf Festplatte CF-Karte im Slot belassen

Schnelle Orientierung mit Windows XP

- Betriebssystem Windows XP bietet in der Ordner-Einstellung »Miniaturansicht« eine gute Vororientierung auf den Bildinhalt eines Ordners

Unter den Miniaturbildern finden Sie als zusätzliche Informationen den Dateinamen und das zugehörige Datenformat.

Damit können Sie sich nicht nur einen kompletten Überblick verschaffen: Durch Markieren und Doppelklick können Sie ausgesuchte Bilder gleich ins Programm holen. Die Tastenkombination zur Auswahl mehrerer Bilder kennen Sie ja schon.

Bilder drehen und freistellen

Hin und wieder haben Sie vielleicht Bilder mit einem schiefen Horizont aufgenommen, müssen Bilder drehen oder unwichtige Dinge wegschneiden.

Adobe Photoshop bietet im Menü [Bild] und im Untermenü [Drehen] unterschiedliche Möglichkeiten zum Drehen oder Spiegeln von Bildern.

Tipp:

Bilder freistellen

- vor dem eigentlichen Optimieren Foto gleich freistellen, also Unwesentliches wegschneiden oder den Horizont gerade rücken
- dazu auf das Freistellungswerkzeug in der Symbolleiste (links) klicken
- bei gedrückter linker Maustaste einen Rahmen um den ausgewählten Motivbereich ziehen
- Rahmenseiten können nachträglich noch verändert werden
- Doppelklick in den ausgesuchten Bereich – der Rest verschwindet
- widerrufen der Funktion unter [**Bearbeiten**] und [**Rückgängig**] möglich

Motivausschnitt im Sucher bestimmen

Denken Sie daran: Bei einer AF-SLR-Kamera bestimmt man den richtigen Ausschnitt auf der Mattscheibe und nicht nachträglich im Bildprogramm. Hier fehlen dann die Pixel für eine hohe Auflösung.

Kontrolle der Helligkeitsverteilung mit dem Histogramm

Das Histogramm zeigt Ihnen die Helligkeitsverteilung und damit den Kontrastumfang des Bildes an. Für die grafische Darstellung der Helligkeitsverteilung (Luminanz) werden auf der horizontalen x-Achse alle 256 Helligkeitsstufen (8 Bit-Modus pro Farbe) durch die Werte 0 bis 255 dargestellt. Die senkrechte y-Achse zeigt die Anzahl der Bildpunkte eines entsprechenden Helligkeitswertes.

Je mehr Bildpunkte den selben Helligkeitswert besitzen, umso höher ist der Ausschlag auf der y-Achse. Für die Bildbearbeitung ist das Histogramm ein wichtiges Mittel zur Kontrolle der Helligkeitsverteilung im Bild. Sie finden ein Histogramm auch am Farbmonitor Ihrer Kamera. Eine exakte Beurteilung der Helligkeitsverteilung ist aber erst im PC möglich.

Tipp:

Das Histogramm befindet sich in der Menüleiste unter [Bild]. Wenn Sie hier auf [Histogramm] klicken, wird das aktuelle Bild in seiner Helligkeitsverteilung angezeigt. Sie können auch jede Farbe (Rot, Grün, Blau) einzeln ansehen. Für eine optimale Bilddatei sollten alle Helligkeitswerte von 0 bis 255 enthalten sein.

Das Histogramm gibt Aufschluss über die Helligkeitsverteilung und damit den Kontrastumfang eines Bildes

Tonwertumfang – Kontraste – Farbanpassung

Die Autokorrekturen

In der Menüleiste finden Sie unter dem Menüpunkt [Überarbeiten] wichtige Funktionen zur Bildoptimierung und Farbanpassung. Für Einsteiger sind die Funktionen Auto-Tonwertkorrektur, Auto-Kontrast und Auto-Farbkorrektur sehr günstig. Sie erlauben auch dem geübten Fotografen eine schnelle und zügige Bildverbesserung. Aber Vorsicht: In den Auto-Funktionen sucht das Programm selbständig nach der besten Farb- und Kontrastoptimierung. Die muss aber nicht immer die beste sein oder der Lichtstimmung entsprechen. Vielfach übertreibt die Autokorrektur auch. So wird zum Beispiel bei der automatischen Tonwertkorrektur das Helligkeitsspektrum so weit auseinandergezogen, dass alle Helligkeitswerte

Es ist schon erstaunlich, wie gut die Autokorrektur-Funktionen an sich gute Aufnahmen noch einmal verbesern können.

vertreten sind. Das Bildprogramm hebt die hellsten vorhandenen Bildpunkte soweit an, dass sie zu reinem weiß werden und zieht dunkle Stellen in ein tiefes Schwarz. Per Mausklick erhalten Sie so ein helleres und kontrastreicheres Bild. Dieses muss allerdings nicht die wirkliche Lichtsituation wiederspiegeln.

Die Schärfung

Unter dem Menüpunkt [Filter] bietet Adobe Photoshop neben zahlreichen reizvollen Bildeffekten, die mehr in den Rahmen der digitalen Bildgestaltung gehören auch wichtige Filter zum Scharfzeichnen der Bilder. Unter den [Scharfzeichnungsfiltern] finden Sie mehrere Funktionen zum »Nachschärfen« Ihrer Fotografien.

Den visuellen Schärfeeindruck unserer Augen bestimmen bestimmte Details oder harte Kontrastübergänge in einem Motiv. Das Bildbearbeitungsprogramm sucht deshalb beim Schärfen nach Kanten und Linien und versucht, durch Kontrastanhebung dieser Kanten und Linien einen höheren optischen Schärfeeindruck zu vermitteln.

Tipp:

Autokorrekturen

- Bild zur Beurteilung der Effekte auf dem Monitor formatfüllend (ganzes Bild) darstellen
- wenn Korrekturen nicht gefallen rückgängig machen
- Ergebnisse der Korrektur auch mit ausgedruckten oder im Labor ausbelichteten Bildern vergleichen

Farbstichbeseitigung

- Menü [Überarbeiten] → Untermenü [Farbe anpassen] → Funktion [Farbstich]
- diese Funktion ermöglich schnelles Eliminieren eines vorhandenen Farbstichs
- Funktion Farbstich aktivieren → mit der angezeigten Pipette auf einen weißen, grauen oder schwarzen Motivbereich des Bildes klicken

Als Auto-Filter stehen Ihnen die [Konturen Schärfung], das [Scharfzeichnen] und das [Stark Schärfen] zur Verfügung.

Am besten und individuell angepasst können Sie die Schärfe aber mit der Funktion [Unscharf maskieren] einstellen.

Neben der Schärfung in Prozent, können Sie den Radius in Pixel und den Schwellwert einstellen. Der Schwellwert ist für den

Tipp:

Farbanpassung

- Funktion [Farbvariation] im Untermenü [Farbe anpassen] ermöglicht es, einem Bild einen bestimmten Farbton zu verleihen (wenn eine ganz bestimmte Farbcharakteristik, wie z.B. ein Warmton erreicht werden soll)

Farbkorrektur

- Blaufarbstich lässt sich durch Verringerung von Blau und/oder Verstärkung von Rot beseitigen
- Braunfarbstich lässt sich durch Verringerung von Rot und /oder Verstärkung von Blau beseitigen
- Übung macht auch hier den Meister!

Manuelle Tonwertkorrektur

- im Untermenü [Helligkeit/Kontrastanpassung] die Funktion Tonwertkorrektur auswählen
- Histogramm mit verschiedenen Schiebereglern erscheint
- mittlerer Regler verändert die Mitteltöne und den sogenannten Gammawert
- Regler nach links → Gammawert wird größer als 1 → Bild wird in den mittleren Bildtönen heller
- Regler nach rechts → Gammawert wird kleiner als 1 → Mitteltöne werden dunkler
- äußere Regler verändern die Haupttöne (Lichter und Schatten)
- wenn Histogramm in den dunklen und hellsten Stellen Lücken anzeigt → Regler schieben, bis die Lücken geschlossen sind → dabei das Bild auf dem Monitor im Auge behalten → mit etwas Übung wird optimaler Kontrast erreicht

Die Autokorrektur arbeitet aber automatisch. So kann es vorkommen, dass sie auch mal zuviel des Guten tut und – wie hier im Beispiel – den tatsächlichen Warmton des Motivs (links) einfach beseitigt

Kontrastumfang verantwortlich, wenn innerhalb eines Übergangs (Kante) geschärft werden soll. Die Einstellung der Stärke regelt die Schärfung innerhalb eines festgelegten Radius und gibt schließlich die Entfernung von einer Kante vor, von der aus geschärft werden soll.

Tipp:

Von nichts kommt nichts
Eine nachträgliche Schärfung macht aus einer unscharfen Aufnahme kein scharfes Bild!

Wenn Sie ernsthaft an der Bildbearbeitung interessiert sind, sollten Sie sich auf jeden Fall intensiv mit Photoshop Elements 2.0 beschäftigen und die vielfältigen Möglichkeiten der Bildoptimierung ausprobieren. Nach einiger Übung können Sie dann Tonwertumfang, Kontrast oder Farbe Ihren Vorstellungen anpassen. Probieren Sie, was geht. Sicher werden Sie auch nach Jahren noch neue, bisher noch nicht genutzte Möglichkeiten zur Bildoptimierung entdecken. Das Programm Photoshop Elements bietet natürlich auch ebenso vielfältige Möglichkeiten zur kreativen Bildbearbeitung.

Ihre Bilder auf Papier

Die schönsten, am Computer optimierten Bilder nützen oft nichts, wenn man sie nicht als Fotografie in den Händen halten, herumreichen, ins Album stecken oder an Freunde verschenken kann.

Wenn Sie solches vorhaben, benötigen Sie einen Drucker, der die Bilder in Fotoqualität ausdruckt.

Unscharfmaskierung

- für »richtige« Schärfung gibt es keine Faustformel → von Motiv zu Motiv anders (Porträt eher weniger scharf, Landschaft scharf – aber: Vorsicht bei Wäldern)
- inwieweit geschärft werden soll, hängt auch von der Drucktechnik für das Printen der Bilder ab
- Erfahrungen sammeln! (z.B.: Stärke 100 bis 150, Radius 0,5 bis 0,8)
- sicherheitshalber immer unveränderte Original-Bilddateien speichern

Die Suppe nicht versalzen

- Effekt einer Schärfung am Monitor oft nicht so deutlich sichtbar
- Überschärfung kann sich negativ auf späteren Ausdruck auswirken
- deshalb: immer vorsichtig beim Schärfen

Übersicht über Druckverfahren

- Tintenstrahldrucker (Inkjet-Drucker)
- Color-Laserprinter
- Thermo-Farbsublimationsdrucker
- Thermo-Autochrome-Drucker

Was Sie über maximale Bildgröße und Qualität Ihrer Ausdrucke wissen sollten

Sie erinnern sich: Die Canon EOS 300D erlaubt die Einstellung von drei Aufnahmeformaten:

- 3072 x 2048 Pixel (maximale Auflösung, entspricht 6,29 Millionen Bildpunkten),
- 2048 x 1360 Pixel (mittlere Auflösung, entspricht 2,78 Millionen Bildpunkten) und

Auch wenn die Kamera im Weißabgleich auf Leuchtstoffröhrenlicht abgestimmt werden kann – hier wurde zusätzlich aufhellgeblitzt. Ein leichter Grünstich auf dem Porträt kann dabei schnell mit der Pipette beseitigt werden.

Links: die leicht unscharfe Originalaufnahme, in der Mitte das leicht geschärfte, optimierte Bild und rechts das überschärfte Bild

- 1536 x 1024 Pixel (geringste Auflösung, entspricht 1,57 Millionen Bildpunkten).

Mit der Festlegung des Aufnahmeformats haben Sie auch die maximal mögliche Größe der späteren ausgedruckten Fotografie festgelegt. Man geht im allgemeinen davon aus, das eine Auflösung von 200 – 300 ppi (pixel per inch) Fotoausdrucke in hoher Qualität liefert. Damit können Sie folgende maximale Bildgrößen printen:

3072 x 2048 Pixel
Bilder in guter Qualität bis 26 x 39 cm;
Bilder in höchster Qualität bis 17,3 x 26 cm

2048 x 1360 Pixel
Bilder in guter Qualität bis 17,3 x 26 cm
Bilder in höchster Qualität bis 11,5 x 17,3 cm

1536 x 1024 Pixel
Bilder in guter Qualität bis 13 x 19,5 cm
Bilder in höchster Qualität bis 8,7 x 13 cm

Wenn Sie Ihre digitalen Bilder später ausdrucken wollen, ist es sicher günstig, immer in der höchsten Auflösung von 3072 x 2048 Pixel (6,29 Mio. Pixel) zu arbeiten.

Das gilt auch für andere Anwendungen, wie Bildschirmpräsentationen oder das Einstellen Ihrer Bilder ins Internet. Sie können Ihre Bilder dann immer noch durch Ihr Bildbearbeitungsprogramm auf das jeweils notwendige Maß herunterrechnen lassen.

Lichtstabilität und Haltbarkeit ausgedruckter und ausbelichteter Bilder
Tintenstrahlausdrucke können heutzutage schon einige Jahre überstehen und sind innerhalb weniger Minuten wischfest. Inzwi-

Tipp:

Bilder hoch- und runterrechnen

- im Menüpunkt [Bild] → Untermenü [Skalieren] → Option [Bildgröße] öffnen
- mit Hilfe eines Fensters können Bilder auf die für ihre Anwendung passende Bildgröße gebracht werden
- ein Bild kann theoretisch auch hochgerechnet werden → aber: Programm kann nichts berechnen, was nicht da ist → hier wird nur die Datei vergrößert, nicht aber die Qualität der Fotografie verbessert

Drucker und Tinte

- Tintenstrahl-Drucker mit sechs Farben am besten für fotorealistische Ausdrucke geeignet
- drucken neben Schwarz, Cyan, Magenta und Gelb zusätzlich ein helles Cyan und ein helles Magenta → schaffen damit mehr Zwischentöne auf dem Papier
- Farbtanks im Drucker sollten separat austauschbar sein → spart Kosten

schen gibt es auch entsprechende Haltbarkeitstests von der Industrie.

Dennoch bleichen frei herumliegende und dem direkten Sonnenlicht ausgesetzte Tintenstrahl-Prints schnell aus. Und wer möchte seine Bilder schon immer im Dunkeln aufbewahren.

Optimal ist es deshalb, die Bilddaten auf klassischem Fotopapier ausbelichten zu lassen.

Der Foto-Drucker für den Heimgebrauch ist meist ein Tintenstrahler (Inkjet-Drucker), wie hier der Canon E4. Die Druckqualität dieser Geräte ist heute schon so hoch, dass man unter Umständen keine Unterschiede mehr zu einem hochwertigen Fotoabzug sehen kann. Auch die Haltbarkeit und Qualität der Tinten hat sich in den letzten Jahren sehr verbessert.

Mit der CD zum Fotolabor- hohe Qualität zum günstigen Preis

So toll eine digitale Diashow auch sein mag: Bilder, die in einer Ausstellung oder in einer Präsentationsmappe gezeigt werden, sind dadurch sicher nicht zu ersetzen. Dazu kommt auch, dass die Qualität hochwertiger Farbpapierabzüge aus den Minilabs oder Großlaboren nie so gut war wie heute. Die optimierte digitale Ausbelichtung

Tipp:

Tipp: Papierwahl

- Spezielle Tintenstrahl-Fotopapiere sind von den Herstellern meist auf bestimmte Druckertypen oder -systeme abgestimmt. Damit die kleinen Farbtröpfchen für lange Zeit am Ort verbleiben und nicht diffundieren, benötigen Sie gutes und hochwertiges Fotopapier. Nicht jeder Drucker harmoniert aber mit jedem Fotopapier.

- Sie müssen hier sicher erst verschiedene Materialien testen, um eine wirklich hohe Qualität Ihrer Ausdrucke zu erzielen. Wenn die Farben auf dem Ausdruck denen des Monitorbildes sehr nahe kommen, sollten Sie bei dem gewählten System bleiben.

mit Laserdioden lässt in punkto Farbqualität und Haltbarkeit keine Wünsche offen. Warum also nicht die klassischen Techniken mit ihren optimalen Ergebnissen nutzen, fragte sich die Fotoindustrie und bietet inzwischen auch die Ausbelichtung digitaler Bilddaten auf Fotopapier an. So verarbeiten die digitalen Minilabs oder Großlabore heute nicht nur alle Filmsorten, sondern auch digitale Bilddaten ohne Probleme. Analoge Filme (Negative und Diapositive) werden für die digitale Ausbelichtung extra digitalisiert. Anschließend werden die optimierten Bilddaten in Top-Qualität als »echtes« Foto auf Color-Fotopapier gebracht.

Dass dabei auch noch der Preis stimmt, dürfte die meisten Fotofreunde ebenfalls freuen.

Wer auf sehr gute Qualität und eine lange Haltbarkeit seiner Bilder Wert legt

Tipp:

Canon-Kompatibilität

Kamera und Drucker von Canon sind mit spezieller Software (EasyPrint) auf hohe Farbqualität abgestimmt ➜ hohe Farbqualität der Fotoausdrucke gesichert

und dabei auch noch Kosten sparen möchte – immerhin kosten die Patronen in manchen Tintenstrahldruckern soviel wie ein tolles Parfüm – der sollte seine digitalen Bilddaten beim Fotohändler um die Ecke abgeben oder direkt an ein Fotolabor schicken.

Diese Technik hat eigentlich nur Vorteile. Sie müssen dafür auch nicht Ihren »teuren Film«, die CF-Speicherkarte, aus der Hand geben. Ein Fotolabor benötigt nur Ihre Bilddaten. Die können Sie auf CD-ROM oder bald auch auf DVD gebrannt direkt beim Fotohändler abgeben. Ebenso gut können Sie Ihre Bilddaten über das Internet an ein Labor schicken oder Ihre CF-Karte an einem der extra dafür aufgestellten Terminals im Fotofachgeschäft auslesen und auf CD brennen lassen. In einigen Geschäften oder Elektronikfachmärkten gibt es inzwischen auch digitale Terminals, die ihre

Tipp:

Aufbewahrung von Tintenstrahlbildern

- Haltbarkeit von Tintenstrahlausdrucken von der verwendeten Drucktechnologie, der Farbe, dem Inkjet-Papier und der richtigen Lagerung abhängig

- hohe Temperaturen, viel Licht, Feuchtigkeit, Fingerabdrücken, in der Luft befindliche Schadstoffe führen zu vorzeitigem Ausbleichen

- auch mechanische Verletzungen (Bruch in der Oberfläche) verringern die Haltbarkeit

- Bilder nach dem Ausdruck – je nach verwendetem Papier – einige Tage trocknen lassen

- Inkjet-Papiere nie feucht in Plastikhüllen stecken

- Plastikhüllen auch sonst als Aufbewahrungsmedium meiden

- vor Licht geschützt aufbewahren (Album)

- bei Präsentation in Rahmen direkte Sonneneinstrahlung meiden (möglichst Bilderrahmen mit UV-Schutz-Gläsern verwenden)

- Ausdrucke in trockenem und gleichmäßig klimatisierten Raum aufbewahren

Bild oben: Der schnelle Drucker Canon i80 für den mobilen Einsatz.
Bild unten: Separate Farbtanks sparen Geld.

Bilder direkt an ein Großlabor übertragen. Wenige Tage später können Sie dann schon Ihre »Bildertüte« abholen.

Erkundigen Sie sich vor Ort über das Angebot der Fotohändler oder Fachmärkte. Auch ein Qualitäts- und Preisvergleich lohnt sicher.

Das digitale Bildarchiv – Bilder auf CD oder DVD

Auch wer digital fotografiert, kommt um eine ordentliche Langzeitarchivierung seiner Aufnahmen nicht herum.

Die sicherste und preisgünstigste Variante ist hier das Brennen der digitalen Bilder auf CD-R als Backup-Medium. Wiederbeschreibbare CD-RW eignen sich weniger gut für eine Langzeitarchivierung. Bei den sehr hohen Datenmengen, die heute schon auf der Tagesordnung sind, wird auch immer häufiger auf die DVD-R zurückgegriffen werden.

Digitale Bilddaten fürs Archiv sollten in einem allgemein üblichen, universellen Datenformat gespeichert werden. Hier bietet sich derzeit das TIFF-Format an. Wir hatten ja schon darüber gesprochen. Das TIFF-Format ist das derzeit universellste Grafik- und Bildformat und wird sicher auch in Jahren noch von den Bildbearbeitungs-programmen geöffnet werden können.

Wer es sehr genau nimmt, sollte von seinen wichtigsten Bilddaten immer gleich zwei CDs brennen und archivieren. Selbst gebrannte CDs sind nicht ewig haltbar. Ob man die darauf archivierten Bilder in einigen Jahren noch ansehen kann, hängt auch von der Entwicklung der dazu notwendigen Hard- und Software ab. Brennfehler beim Beschreien einer CD-R können zum Totalverlust der Fotografien führen.

Auf keinen Fall sollte man für die Langzeitarchivierung komprimierte Datensätze von den Original-JPEG-Bilddaten benutzten.

Digitalfotografen können ihre ordentlich beschrifteten CDs in platzsparenden schmalen Slimcases sammeln. Professioneller wäre die Aufbewahrung der CDs in entsprechenden DIN A4-CD-Hüllen mit normierter Lochung. Ähnlich wie beim Negativ- oder Diaarchivsystem lassen sich so die CDs mit den Bilddaten platzsparend und übersichtlich in Aktenordnern ablegen. Zusätzlich sollte man sich als Indexsprint

Tipp:

Bilder unbearbeitet ausbelichten lassen

- CF-Karte beim Fotohändler oder im Fachmarkt abgeben und auslesen lassen → darauf enthaltene Bilder herunterladen und speichern lassen → CF-Karte kann gleich wieder mitgenommen werden
- wenn Händler selbst über digitales Minilab verfügt → Bilder nach wenigen Minuten fertig → wenn nicht: nach einigen Tagen
- aber: Möglichkeit der Bildbearbeitung am eigenen PC besteht für diese Bilder dann nicht

Bilder über das Internet versenden

- Bilder direkt über das Internet versenden → spart den Weg zum Fachgeschäft
- aber: Bilddaten auf das nötige Ausgabemaß bringen und anschließend komprimieren → spart Übertragungskosten
- viele Online-Bilderdienste bieten eine Software an, mit der die Bilder auf die entsprechende Versandform gebracht werden können
- High-Speed-Internet und günstige Flatrate-Angebote machen diese Art der Datenübertragung direkt von zu Hause aus immer attraktiver

Eigene CD mit Bilddaten ins Labor schicken

- hochaufgelöste Bilder zu Hause auf CD brennen und zum Ausbelichten abgeben → günstigste Variante → sichert maximale Qualität
- empfehlenswert: Postversand direkt zu einem Fachlabor (manche Anbieter bieten dafür »portofreie« Versandtaschen an)

Datenformat für die Ausbelichtung

Den Fotolaboren müsste es theoretisch egal sein, ob man seine Bilddaten im TIFF- oder im komprimierten JPEG-Fomat liefert. Der Labor-Computer kann natürlich die komprimierten JPEG-Dateien schneller einlesen als die umfangreicheren TIFF-Dateien. Für die Bilddaten, die man auf CD gebrannt einem Labor schickt, sollten Sie aber das TIFF-Format mit der Original-Datei bevorzugen. Bevor Sie Ihre Bilder im JPEG-Format weiterreichen, sollten Sie Erfahrungen mit dem verlustbehafteten Datenformat haben.

die auf der CD oder DVD befindlichen Bilder als Miniaturansicht ausdrucken.

Wenn nun auch noch in 10 Jahren Computer mit »antiken« Laufwerken auf Ihre CDs oder DVDs zurückgreifen können, sind die Bilder optimal gesichert.

Sie sehen aber schon, liebe Leserinnen und Leser: So ganz sicher ist man mit seinen digitalen Bildern nicht. Was man sich auch in einhundert Jahren noch ansehen könnte, wäre ein auf fotochemischem Wege ausbelichtetes Bild. Viele digital arbeitende Fotografen, denen Datensicherheit sehr wichtig ist, bevorzugen deshalb die Ausbelichtung digitaler Daten auf klassischen Fotomaterialien. Archiviert werden Negativ- oder Diafilme. Die Ausbelichtung auf Dia- oder Negativmaterial ist aber immer noch sehr kostspielig. Diese Art der Archivierung lohnt sich für alle, die bereits seit vielen Jahren ein ordentlich geführtes Dia- oder Negativarchiv pflegen.

Tipp:

zur Langzeitarchivierung

- digitale Daten im derzeit universellen TIFF-Format speichern
- einfache und übersichtliche Dateibezeichnungen verwenden
- für Langzeitarchivierung CD nicht zu schnell brennen → verhindert Brennfehler und fördert die Haltbarkeit der CD (auch wenn CD-Brenner heute mit 52facher Brenngeschwindigkeit Daten schreiben, bei Bildern lieber etwas langsamer: 12x, 16x, 20x oder 24x)
- von wichtigen Bildern zwei CDs brennen
- CDs mit wisch- und wasserfestem Stift ordentlich beschriften
- CDs ordentlich geschützt in Hüllen verwahren
- Inhalt der CD als Indexsprint ausdrucken
- von Anfang an ein digitales Bildarchiv führen

Die hohe Empfindlichkeit des Sensors, lässt auch Schnappschüsse unter denkbar schlechten Lichtverhältnissen zu.

Glossar – einige wichtige Fachbegriffe

A/D-Wandler

Analog-digital Wandler; erzeugt aus analogen elektrischen Ladungen, die sich beim Belichten auf dem CCD- oder CMOS-Sensor aufbauen nach deren Abfließen einen digitale Datensatz, der auf der CF-Karte gespeichert werden kann. Dieser schnelle Wandel- und Speicherprozess ist ein wichtiges Leistungskriterium des Prozessors einer DSLR.

Abbildungsfehler

Objektive bestehen aus optischen Linsen und Linsensystemen - aus Gläsern mit einem sphärischen (gekrümmten, kugelförmigen) Schliff. Beim Ein- und Austreten der Lichtstrahlen treten durch den ständigen Wechsel von einem weichem Medium (Luft) in ein hartes Medium (Glas) eine Vielzahl von Brechungen, Reflektion und Dispersionen (Zerstreuung) der Lichtstrahlen auf. Dadurch treffen die Lichtstrahlen nicht mehr exakt gebündelt auf dem lichtempfindlichen Element auf. Das führt zu optischen Abbildungsfehlern wie Unschärfen, Farbsäumen oder gekrümmten Linien. Um dem entgegen wirken zu können, werden Objektive korrigiert. Das erfordert aufwändige Berechnung und zusätzliche Linsen. Wichtige Bildfehler sind die Verzeichnung (Krümmung von Linien), die Vignettierung (Helligkeitsabfall zum Bildrand) und Farbsäume (Farbzerlegung, Aberration). Die Fehler können niemals vollständig beseitigt werden.

Abblendtaste

Wichtiger Funktionsteil einer SLR-Kamera zur Überprüfung der Schärfentiefe. Beim Betätigen der Abblendtaste wird die offene Blende auf die eingestellte Arbeitsblende geschlossen. Dabei ist auf der Mattscheine

der SLR-Kamera die visuelle Schärfe und deren Bereich durch den Sucher zu erkennen.

Additive Farbmischung

Ein Farbsystem, das auf den Grundfarben Rot, Grün und Blau basiert. Die Mischung aller drei Grundfarben (addieren) ergibt weißes Licht. Nach der additiven Farbmischung (Farbsynthese) arbeiten der TV-Bildschirm, der Computermonitor und der CCD-Flächenchip mit der Bayer-Matrix (50 Prozent Grün und jeweils 25 Prozent Rot und Blau).

Aliasing

Geht die Grenze zweier Farbtöne durch einen Bildpunkt, kann dieser beim Algorithmus der Bildberechnung dem einen oder dem anderen Farbton zugeschlagen werden. Harte Tonwertgegensätze zwischen den Bildpixeln führen in der digitalen Fotografie zu treppenförmigen Stufen an eigentlich schrägen Linien oder Objektkanten. Aliasing kann bei Digitalkameras auftreten, die mit der Bayer-Farbmatrix arbeiten. Hier müssen fehlende Farbinformationen häufig interpoliert werden.

Adapter

Gerät, das die Verwendung unterschiedlicher Objektivsysteme an SLR-Kameras ermöglicht

Analog

Eine kontinuierliche und damit stufenlose Aufzeichnung und Wiedergabe von akustischen, optischen oder elektromagnetischen Signalen. Die analoge Aufzeichnung und Wiedergabe benötigen eine große Speicherkapazität, sind praktisch nicht für die

Computerbearbeitung geeignet und lassen nur geringe Möglichkeiten der Bearbeitung zu. Dafür bieten sie eine höhere Datensicherheit. Analoge Bildträger sind beispielsweise Fotografien, Drucke, analoge Videoaufzeichnungen, das Bild am TV-Gerät oder am Computermonitor. Zu den analogen Tonträgern gehören Schallplatten und Tonbänder.

Anfangsblende
siehe Lichtstärke

Antialiasing
Dem Phänomen des Aliasing kann man durch eine spezielle und optimierte Berechnung der Farbdaten begegnen. Das Antialiasing vermeidet den Effekt der „Treppenbildung" durch Berechnung von Mischfarben. Allerdings kann dies zu Randunschärfen führen.

apochromatische Korrektur
Apochromatisch korrigierte Objektive (APO) reduzieren die chromatische Aberration (Farbfehler) durch die Kombination von Sammel- und Zerstreuungslinsen. Das ist insbesondere bei längeren Brennweiten notwendig.

Artefakte
Eigentlich: künstlich hervorgerufene Veränderungen. In der digitalen Fotografie werden örtliche Bildstörungen wie Farbabweichungen in homogenen Flächen oder Verzerrungen als Artefakte bezeichnet.

Aufsichtsbild
Papierbild (Inkjetausdruck, Papierabzug oder gedrucktes Bild). Der Tonumfang von Aufsichtsbildern beträgt durch eine verminderte Rückstrahlung (Reflexion des einstrahlenden Lichtes) nur ca. 1 : 30.

Aufhellblitz
Blitzlicht zum Aufhellen von Schatten und Gegenlichtaufnahmen; wird mit dem Ziel

der Kontrastminderung eingesetzt. Zur Vermitteln des natürlichen Helligkeitseindrucks muss der Aufhellblitz um ein bis zwei Belichtungsstufen nach unten korrigiert werden. So wird das Motiv natürlicher empfunden.

Auflösung
Bezeichnung für die Fähigkeit einer fotografischen Schicht, eines Objektivs oder eines elektronischen Bildsensors, feinste Details eines Motivs erkennbar wiederzugeben. Bei Filmen und Objektiven wird die Auflösung in Linien pro Millimeter (L/mm) angegeben. Sie zeigt, wie viele Linienpaare pro Millimeter getrennt und erkennbar wiedergegeben werden können.

In der digitalen Bildbearbeitung ist die Auflösung ein Maß für die Qualität der Darstellung von Bildern am Monitor, als Ausdruck oder als ausbelichtetes Aufsichtsbild. Die Leistungsfähigkeit von Digitalkameras oder Scanner wird auch über die Auflösung definiert. Bei CCD-Flächensensoren wird die Auflösung durch die Pixelzahl bestimmt. Sie steht für die effektiv am Bildaufbau beteiligten einzelnen Bildpunkte eines Sensors (z.B. 6,3 Mio einzelner Bildpunkte). Die Fähigkeit einer Kamera feinste Bilddetails zu unterscheiden, wird in Linien pro Bildhöhe gemessen (LP/BH).

Die Längen-Auflösung eines gedruckten oder ausbelichteten Bildes gibt man in Punkten pro Zoll (dpi) oder Linien pro Zoll (Lpi), besser aber in Linien pro Millimeter (L/mm) an.

Maß des technisch notwendigen ist die Wiedergabefähigkeit des menschlichen Auges, das unter normalen Betrachtungsbedingungen ca. 150 Bildpunkte pro Inch (1 Inch = 2,54 cm) bis maximal 300 Bildpunkte erkennen kann. Das sind 6 bis 12 Punkte bzw. Linien pro Millimeter beim gedruckten oder ausbelichteten Foto.

Autofokus (AF)
stellt ein Objektiv automatisch auf ein Motiv scharf. Man unterscheidet zwischen passi-

vem und aktivem AF-System. Beim passiven System wird das Bild in der Kamera in zwei Teilbilder zerlegt. Sie werden über ein CCD-Element geleitet und elektronisch verglichen. Anhand dieser Informationen steuert ein Autofokusmotor das Objektiv. Dieses Prinzip wird meist bei SLR-Kameras angewandt.

Das aktive AF-System arbeitet mit einem Messstrahl, bei dem die Zeit gemessen wird, in der dieser von einem Motiv reflektiert wird.

Batterie
Galvanisches Element, das durch chemische Reaktionen Strom liefert;

Man unterscheidet Kohle-Zink-Batterien mit schlechter Leistung sowie Alkali-Mangan-, Silberoxid- oder Lithium-Batterien. Wegen ihrer höheren Leistung und geringen Entladung werden in Fotokameras ausschließlich Lithium-Batterien eingesetzt. Sie sind besonders lagerfähig und wenig temperaturabhängig. Bei digitalen Kameras werden oft Nickel-Cadmium (Ni-Cd)-, Nickel-Metallhydrid (Ni MH)-Akkus oder die noch leistungsfähigeren Lithium-Ionen-Akkus verwendet, die immer wieder aufgeladen werden können.

Belichtung
Trifft Lichtenergie auf einen strahlungsempfindlichen Empfänger (Film, CCD- oder CMOS-Sensor), wird dieser angeregt und belichtet. Beim CCD-Sensor baut sich dabei eine elektrische Ladung auf.

Die notwendige Lichtmenge zum exakten Belichten wird durch die Lichtempfindlichkeit bestimmt. Analog zum Film greift auch die digitale Fotografie auf diese klassische Angabe zurück. Nur kann jetzt die notwendige Lichtempfindlichkeit eingestellt werden. Aber Vorsicht: Ähnlich wie beim Film führt auch in der digitalen Fotografie eine hohe Empfindlichkeit zu einer Erhöhung des Bildrauschens und damit zu einer Verringerung der Auflösung.

Belichtungsmesser
Messeräte, die die Stärke des vorhandenen Lichtes messen und als Zeit/Blenden-Kombination anzeigen; werden durch das Einstellen der Lichtempfindlichkeit des Aufnahmematerials geeicht.

Es gibt externe Handbelichtungsmesser oder in Kameras eingebaute, interne Belichtungsmesser.

DSLR-Kameras messen das Licht direkt durch das Aufnahmeobjektiv (TTL-Messung) vor der CCD-Ebene und schließen so viele Fehler beim Messen aus. Die Kameraautomatik kann nach der Belichtungsmessung die passende Belichtungszeit und Blende berechnen und einstellen.

Belichtungszeit
Der Zeitabschnitt, in dem die Lichtenergie, die von einem Motiv reflektiert wird, auf einen CCD-Flächensensor einwirkt und diesen belichtet. Zur Belichtung dient bei SLR-Kameras meist der aus Metalllamellen bestehende Schlitzverschluss, der elektronisch gesteuert wird. Er gibt den Strahlengang vor dem CCD-Sensor für eine bestimmte Zeit frei, in der der Sensor belichtet wird.

Bit
Abk. für engl. binary digit.
Ein Bit kann in der Datenverarbeitung mit 0 oder 1 dargestellt werden und ist somit die kleinste Informationseinheit im binären System. Es kann den Zustand Ja oder Nein beschreiben. Ein einzelner Punkt kann damit weiß oder schwarz sein.

Bitmap
Bitmaps sind in Bildpunkte (Pixel) zerlegte Bilddaten. In diesem Bild-Speicherformat werden die einzelnen Bildpunkte in Zeilen und Spalten angeordnet. Jedem einzelnen Punkt muss eine genaue Beschreibung zugeordnet werden. Im einfachsten Fall kann es sich um schwarze oder weiße Bildpunkte handeln. Bei Graustufenbildern

muss jedem Bildpunkt ein Graustufe zugeordnet werden. Bei einem RGB-Farbbild benötigt man die Helligkeitswerte von den drei Grundfarben. Ein CMYK-Bitmap-Bild benötigt für die Beschreibung eines Punktes die Helligkeitswerte für drei Farben und den Grauwert. Bitmap-Dateien weisen immer weitaus höhere Datenmengen auf als vektororientierte Dateien.

Bild-Browser

Ein Browser ist ein spezielles Programm zum Anzeigen von Text-, Grafik-, Bild- und Tondokumenten. Zur besserer Übersichtlichkeit wurden für die schnelle Anzeige von Bildern spezielle Bildbetrachtungsprogramme, die Bild-Browser, entwickelt, die meist in entsprechenden Software-Paketen integriert sind. Das Betriebssystem Windows XP enthält so einen Dateibrowser ebenso wie die Canon spezifische Software oder das Bildprogramm Adobe Photoshop Elements 2.0. Die Bilder können in Form von kleinen Vorschaubildern (Thumbnails) geöffnet werden. Das erleichtert das Verwalten von digitalen Fotografien erheblich.

Bildbearbeitung

Die elektronische Bildverarbeitung (EBV) oder digitale Bildbearbeitung ermöglicht mit Hilfe eines entsprechenden Bildbearbeitungsprogramms (Software) spätere Manipulation am Bild.

Bit-Tiefe

Maß für die Beschreibung der verwendeten Bits zur Wiedergabe von Bildpunkten im Binärsystem; bestimmt den Farb- und Tonwertumfang eines Bildpunktes (Pixel). Eine Strichzeichnung in Schwarz und Weiß benötigt nur 1 Bit-Tiefe. Ein Graustufenbild (Schwarzweißbild) benötigt 8 Bit-Tiefe. Die Darstellung eines Farbbildes am Monitor benötigt dreimal 8 Bit-Tiefe (für die Farben Rot, Grün und Blau) um quasi analog die Farbnuancen richtig darzustellen. Das sind 24 Bit-Farbtiefe mit 16,7 Mio. unterschiedli-

chen Farbwerten. 32 Bit-Tiefe wird beim Druck benötigt: 4 mal 8 Bit pro Farbkanal gelb, cyan, magenta und schwarz (Kontrast).
Es gibt aber auch schon Erweiterungen auf 12 und 16 Bit-Farbtiefe je Farbkanal.

Blende

Ein mechanisches Bauteil im Objektiv, das die einfallende Lichtmenge reduzieren kann. Die am meisten verwendete Blendenform ist die Irisblende. Sie besteht aus vielen Lamellen, die das Verringern des Blendendurchmessers kontinuierlich und fast kreisförmig im Strahlengang des Objektivs ermöglichen. Für die Berechnung der Blendenöffnung (Brennweite durch Öffnungsdurchmesser) gilt ein internationales Blendensystem.
Das Schließen der Blende auf die nächst höhere Stufe entspricht genau der Halbierung des Durchmessers. Multipliziert man den Blendenwert 2,8 mit dem Faktor Wurzel 2 (siehe Flächenformel des Kreises; A=2A) erhält man folglich Blende 4 (2,8 x 1,414 = 4) . Das Schließen der Blende führt zur Verringerung der Bildhelligkeit, zur Erhöhung der Abbildungsleistung und zur Vergrößerung der Schärfentiefe. Die Blende ist ein wichtiges Gestaltungselement in der Fotografie.

Blendenautomatik (Tv)

Auch als Zeitpriorität bezeichnet, ermöglicht es dem Fotografen, die Verschlusszeit vorzuwählen. Die Automatik der Kamera wählt dabei die zur Belichtungszeit passende Blende aus.

Blitzgerät

Künstliche Lichtquelle; funktioniert durch Entladung von angeregten Edelgasen. Blitzgeräte besitzen eine kurze Leuchtzeit mit einem hohen Lichtstrom.
Man unterscheidet eingebaute und externe Blitzgeräte, wobei die externen eine höhere Leistung haben als eingebaute

Blitze. In Studios werden ganze Blitzanlagen eingesetzt.

Blooming-Effekt
engl. = blühen
Erhält ein CCD-Element zu viel Lichtenergie, lädt es sich über seine Kapazität hinaus auf. Die überflüssige Ladung fließt in benachbarte Elemente über und beeinflusst die Bildqualität. Moderne CCD-Chips können diese überschüssige Ladung bereits gesteuert abfließen lassen oder die Auswirkungen der Überstrahlung mit Hilfe einer Software beseitigen.

Brennweite
Wichtigste Kenngröße eines Objektivs; wird im Millimeter angegeben.
Die Brennweite bestimmt die Größe der Abbildung eines Motivs auf dem Sensor. Brennweite ist der Abstand eine Objektivs zu seinem Brennpunkt, in dem es das parallele Lichtbündel bündelt. Je länger die Brennweite des Objektivs ist, um so näher kann ein Motiv formatfüllend herangeholt werden und um so kleiner wird der Bildwinkel. Der Bildwinkel gibt den mit einem Objektiv erfassbaren Winkel an. Wie groß er ist, hängt auch von der Formatgröße des in der Kamera befindlichen Bildsensors ab. Bei der EOS 300D muss die Brennweite mit dem Faktor 1,6 multipliziert werden, um auf den effektiven Bildwinkel zu kommen.

Da sich die Brennweiten und die zugehörigen Bildwinkel seit dem Jahr 1925 vor allem für das Kleinbildformat stark eingeprägt haben, werden diese immer im Vergleich zum Kleinbildformat umgerechnet. Danach kann dann entschieden werden, ob ein Tele- oder ein Weitwinkel-Objektiv zu der CCD-Diagonale verwendet wird.

Bracketing
engl. = Belichtungsreihe
Statt eines einzelnen Bildes kann die Kamera automatisch eine ganze Reihe von Aufnahmen machen und dabei die Belichtungswerte ändern. In der Regel werden dabei unterschiedliche Belichtungswerte für eine normale sowie für eine Über- und Unterbelichtung eingestellt (Zeit/Blenden-Variation). Für Motive mit kritischen Lichtverhältnissen sind Belichtungsreihen zu empfehlen. In einigen Fällen können auch die Werte für den Weißabgleich, den Kontrast und die Farbsättigung variiert werden.

Camera obscura
Urform der heutigen Kameras; nutzt den Effekt der Brechung der Lichtstrahlen an einer Lochblende. In einem schwarzen Kasten mit einem solchen Loch, bildet sich das vor der Camera obscura befindliche Motiv seitenverkehrt und auf dem Kopf stehend ab.

CCD-Element
engl.: Charge Coupled Device; lichtempfindlicher Bildhalbleiter.
Im Jahre 1969 von George Smith und Willard Boyle entwickelt. Der CCD-Sensor setzt das einfallende Licht in elektrische Ladungen um, die nach dem Abfließen digitalisiert und gespeichert werden.

CCD-Matrix mit Mosaikfilter
Die zweidimensionale Aneinanderreihung vieler CCD-Elemente ermöglicht es, viele Bildpunkte mit ihren Helligkeitswerten aufzunehmen.

Legt man über diese CCD-Matrix eine Matrix-Maske mit den drei Grundfarben, kann man die drei Grundfarben Rot, Grün und Blau ebenfalls aufzeichnen.
In der Praxis hat sich der CCD-Flächensensor mit Mikrofiltern im sogenannten Bayer-Mosaik durchgesetzt. In der menschlichen Farbwahrnehmung kommt die Farbe Grün doppelt so häufig vor, wie die Farben Rot und Blau.
Der Mosaikfilter bekommt zunehmend durch lichtdurchlässige Bildhalbleiter in Schichten-Form Konkurrenz.

CMOS-Sensor

Complementary Metal-Oxide Semiconductor; stromsparende Weiterentwicklung des CCD-Sensors; kann technologisch günstiger in größeren Stückzahlen hergestellt werden und wird meist bei größeren Bildsensoren eingesetzt

Da die Schaltkreise zur Verstärkung der Ladung und zur Digitalisierung in den Chip mit eingebaut sind, benötigen sie weniger Strom. Die einzelnen Spannungen der Lichthalbleiter müssen nicht mehr zeilenweise („Eimerkettenförmig") ausgelesen werden. Die Signale können so schneller in Dateninformationen gewandelt werden. Den Nachteil des höheren Rauschens, konnte Canon kompensieren, so dass die Firma seit einigen Jahren in den Profi-DSLR-Kameras auf diesen Sensortyp setzt.

CMYK

engl. Abkürzung für Cyan, Magenta, Yellow, Key

Die Abkürzung steht für den Vierfarbendruck. Im Prinzip reichen für den Druck die drei substraktiven Grundfarben Cyan (Blaugrün), Magenta (Purpur) und Yellow (Gelb), um alle Farbtöne darzustellen. Da reines Schwarz nicht gedruckt werden kann, benötigt man im Druck auch noch die Farbe Schwarz.

chromatische Aberration

Farbabhängige Bildfehler; Abbildungsfehler eines Objektivs durch unterschiedliche Lichtbrechung von Lichtstrahlen unterschiedlicher Wellenlängen

Die chromatische Aberration äußert sich durch Farbsäume und in einer allgemein verminderten Bildschärfe an kontrastreichen Farbübergängen. Sie tritt vor allem bei längeren Brennweiten auf. Spezielle mehrlinsige Objektivkonstruktionen wirken diesen farblichen Abbildungsfehlern entgegen.

Dateiformate

Für die Bearbeitung und Speicherung digitaler Bilddaten als Bitmap-Datei haben sich viele Dateiformate entwickelt. Sie sind nicht alle miteinander kompatibel.

Als sinnvolles universelles Dateiformat hat sich das TIFF-Format etabliert.

Da Bitmap-Bilder eine hohe Datenrate besitzen, musste nach Algorithmen zur Datenkomprimierung gesucht werden. Das in der Praxis am häufigsten verwendete Format zur Komprimierung von digitalen Fotografien ist das JPEG-Format. Vorsicht: Komprimierung vor der Aufnahme nicht zu hoch ansetzen! Möglichst nicht höher als 1 : 6. (siehe TIFF- und JPEG-Format)

dpi

engl. Abkürzung für dots per inch = Punkte pro Zoll

dpi ist die nicht-metrische Angabe der Auflösung für Ausgabegeräte (Drucker oder Belichter) und gibt die kleinsten Punkte an, die ein Gerät darstellen kann.

DPOF

engl. Abkürzung für Digital Print Order Format;

ein Format, das es ermöglicht, Bilddateien direkt aus einer digitalen Kamera zu drucken und bereits in der Kamera einsprechende Einstellungen zur Anzahl und zum Format vorzunehmen. Die dabei verwendeten Drucker müssen aber über entsprechende Funktionen verfügen.

DSLR-Kamera

Abkürzung für digitale Spiegelreflex-Kamera

effektive Empfindlichkeit

Auch der Bildhalbleiter der digitalen Kamera hat eine Grundempfindlichkeit, die durch die Größe der Lichthalbleiter festgelegt ist. Die Empfindlichkeit des Sensors wird in ISO angegeben. Wenn das vorhandene Licht nicht mehr ausreicht, kann man die erzielten elektrischen Ladungen zwar verstärken. Das erkauft man sich das aber mit einer Erhöhung des Rauschens.

Ersatzmessung

Wenn es nicht möglich ist, ein Motiv direkt anzumessen, wird ein von Kontrast und Farbe ähnliches Motiv gesucht, an dem die entsprechenden Werte für das Zeit/Blende-Paar gemessen und dann für das eigentliche Motiv übernommen werden.

EXIF

engl. Abkürzung für Exchangeable Image File.

Das EXIF-Format ist ein japanischer Industriestandard, der in der aktuellen Version 2.2 als Bestandteil der DCF-Spezifikation (festgelegte Verzeichnisstruktur zur Speicherung von Bilddaten in digitalen Kameras) neben der Bilddatei zusätzlich Informationen zur Belichtung bis hin zur verwendeten Kamera speichert. Das EXIF-Format basiert auf den bekannten TIFF und JPEG-Formaten.

Exposition

Veralteter Begriff für die Belichtung eines Films oder CCD-Chips in der Kamera.

Farbsehen

Das menschliche Auge besitzt drei verschiedene Farbempfängersysteme, mit denen es Farben diskontinuierlich, in drei Farbanteile aufgespalten, wahrnehmen kann (Trichromazität des Auges). Die Netzhaut besteht aus einem sehr feinen Netzwerk oder Mosaik von kleinen Sehzellen, den Stäbchen und Zäpfchen. Die Stäbchen sind sehr lichtempfindlich und arbeiten nur bei schwachem Licht. Sie sind farbuntüchtig.

Deshalb sieht man in der Dämmerung nur sehr wenige Farben oder nur noch Grauwerte. Die Zäpfchen hingegen vermitteln das Farbempfinden. Das elektromagnetische Spektrum von ca. 400 nm (Violett) bis 700 nm (Rot) wird von den Sehzellen als Licht empfunden und im Sehzentrum des Gehirns als Violett/Blau-, Grün/Gelb- oder Orange/Rot-Anteil wahrgenommen. Diese drei Grundempfindungen bilden dann im Gehirn die Farben. Sein farbiges Umfeld verdankt der Mensch dem Reflexionsverhalten der ihn umgebenden Körper, die, von weißem Licht bestrahlt, bestimmte Wellenlängen absorbieren und nur einen Teil wieder reflektierten.

Man unterscheidet zwischen Lichtfarbe (direkt von einer Lichtquelle, eventuell durch Farbfilter abgestrahltes Licht) und Körperfarbe (von einem Körper oder Farbpigmenten reflektiertes Licht).

Farbauszüge

Teilbilder, die jeweils den roten, grünen und blauen Anteil eines farbigen Motivs auf drei speziell sensibilisierten CCD-Sensoren aufzeichnen. Die digitalisierten Farbauszüge konnten durch Bildbearbeitungsprogramme zu Farbbildern kombiniert werden

Farbmanagement (CM)

Soll zwischen digitaler Bildverarbeitung, dem Ausdrucken und der Weitergabe von Bilddaten für eine maximale Übereinstimmung der Farben sorgen; ist vor allem wichtig, wenn Bilddaten für unterschiedliche Zwecke oder Medien (Ausbelichtung, Druck, Veröffentlichung im Web, Weitergabe) verwendet werden. Probleme bereitet hier insbesondere die Umrechnung der Farbräume RGB in CMYK bzw. das Arbeiten mit unterschiedlichen Computersystemen (Macintosh oder Windows).

Für ein erfolgreiches Farbmanagement (Farbraum-Transformation) müssen die Monitor kalibriert werden und RGB bzw. CMYK-Daten in einem universellen Computerfarbraum (CIE-LAB) so umgerechnet werden, dass sie für alle angeschlossenen Komponenten (Drucker, Scanner und Digitalkamera) die gleichen Farbwerte liefern, auch außerhalb des eigenen Systems bei der Datenweitergabe.

Noch gibt es hier große Probleme, da der RBB- und CMYK-Farbraum noch nicht einheitlich definiert wurden. Die sogenannten ICC-Farbprofile (International Color

Consortium) sind ein wichtiges Hilfsmittel für das Farbmanagement.

Farbraum
Die in einem Farbmodell möglichen darstellbaren Farben.

Als Farbmodell kommt häufig das CIE-Farbendreieck von 1931 zur Anwendung. Bedeutung erlangte ebenfalls das erweiterte dreidimensionale CIE-LAB-Modell von 1976. Hier werden alle durch das Mischen der Grundfarben Rot, Grün und Blau erzielbaren Farbtöne erfasst. Innerhalb des RGB-Farbmodells unterscheidet man die Farbräume sRGB, Apple RGB und Adobe RGB. Adobe-RGB zeigt im Vergleich zum sRGB einen größeren Farbraum.

Farbsäume
Bunte, meist grünliche oder bläuliche Farbsäume entstehen an Kanten mit hohem Kontrast (Lichtgegensatz). Bei digitalen Fotografien können die Ursachen durch Blooming und/oder die chromatische Aberration der Objektive hervorgerufen werden.

Farbtiefe
Anzahl Bits pro Bildpunkt, die den Grau- oder Farbwert eines einzelnen Punktes (Pixel) beschreiben.

Normalerweise kann man mit acht Bit einen quasi stufenlosen Verlauf von reinem Weiß bis reinem Schwarz darstellen. Für die Darstellung aller Farbnuancen von Rot benötigt man ebenfalls acht Bit. Für alle drei Grundfarben Rot, Grün, Blau benötigt man demzufolge dreimal 8 Bit um einen Punkt farblich zu beschreiben. Das ergibt 24 Bit und entspricht der Darstellung von 16,7 Millionen Farbnuancen. Die Darstellung im CMYK-Farbraum benötigt viermal acht Bit, also 32 Bit Farbtiefe.

Filter
Objektivvorsätze, die entsprechend ihren optischen Eigenschaften bestimmte Farben

durchlassen oder sperren; dienen zur Farbverbesserung eines Motivs oder bewirken besondere fotografische Effekte.

Zur besseren Farbwidergabe sind Filter auch in der digitalen Fotografie unerlässlich.

Reine Effektfilter verlieren hingegen an Bedeutung. Effekte zur gestalterischen Veränderung einer Fotografie werden mit Bildbearbeitungsprogrammen umgesetzt. Hier werden diese Effekte ebenfalls als Filter bezeichnet.

Gamma
gibt die Kontrastverteilung (Hell-Dunkelverteilung) eines auf dem Monitor dargestellten Bildes an.

Als Gamma bezeichnet man auch den Logarithmus, um dessen Faktor der Monitor die Helligkeit eines Pixels erhöht. Der Windows-PC arbeitet mit einem Standard-Gamma von 2,2 den erfahrene Bildbearbeiter auf den Gamma-Wert von 1,8 verändern, wie er bei Mac-Systemen üblich ist.

Gigabyte (GB)
Maßeinheit für die Datenkapazität; 1 Gigabyte = 1028 MB =1048576 KB = 1073741824 Byte (230 Byte)

Histogramm
Zeigt in Diagrammform die Tonwertverteilung in einem digitalen Foto.
Die x-Achse (Horizontale) zeigt dabei die Tonwerte von Schwarz (links) bis Weiß. Die y-Achse (Vertikale) zeigt die Anzahl der Pixel mit dem jeweiligen Tonwert an.

Das Histogramm ermöglicht, die Tonwertverteilung in einem Motiv schnell zu überprüfen.

Im Bildbearbeitungsprogramm dient es zum schnellen Ausgleichen der Kontraste, zum Setzen des Schwarz- und Weißpunktes und zur Einstellung der Mitteltöne und damit zur Kontrastoptimierung.

ICC-Profile
ICC = Abkürzung für International Color

Consortium

Im Jahre 1993 schlossen sich die wichtigsten Firmen der Fotobranche zusammen, um einen offenen und neutralen Standard für ein weltweites Farbmanagement zu entwickeln.

Die Mac-OS-Komponente ColorSync und das von Microsoft eingeführte ICM (Image Color Management) ermöglicht den Anwendern beider Systeme auf ICC-Standards zurück zu greifen und entsprechende ICC-Profile von Scannern, Druckern und Belichtern in ihre Computer einzubinden, so dass konstantere Ergebnisse bei der Aus- und Weitergabe von Bildern erzielt werden.

Integralmessung

Eine Messmethode zur Belichtungsmessung, mittelbetonte Messung, bei der die Helligkeit über das gesamte Bildfeld hinweg berücksichtigt wird. Allerdings wird in der Annahme, dass sich bildwichtige Objekte in der Bildmitte befinden, stark auf diesen mittleren Bereich gewichtet. So wird der zentrale Bereich mehr zur Belichtungsmessung herangezogen als Bereiche am Bildrand. Für extreme Lichtsituationen (Gegenlichtaufnahmen) ist diese Messmethode nicht geeignet.

Interpolation

Bei den derzeit verwendeten Mosaikfiltern vor der CCD-Matrix kann jeweils immer nur ein Farbwert je Pixel erfasst werden (Rot, Grün oder Blau). Zwischenwerte müssen berechnet, also interpoliert werden.

Als Interpolation wird auch die Berechnung von „Zwischenpixeln" beim Vergrößern eines Bildes im Bildprogramm bezeichnet. Hier versucht das Programm durch spezielle Rechenoperationen (z.B. bikubisch) eine reine Vergrößerung der quadratischen Pixel zu vermeiden. Die Interpolation führt allerdings nur scheinbar zu höher aufgelösten Bildern.

ISO-Zahl

Die Lichtempfindlichkeit eines Bildhalbleiters wird in Anlehnung an die analoge Fotografie in ISO-Werten (ISO = International Standard Organization) angegeben. Die ISO-Norm ist eine Kombination der alten ASA (American Standard Association)- und DIN (Deutsches Institut für Normung)-Norm (z.B. 100/21°) von 1983. Die ganzen Stufen der ISO-Reihe sind so ISO 50, ISO 100, ISO 200, ISO 400, ISO 800 usw..

JPEG (.jpg)

Abkürzung für engl. Joint Photographic Expert Group.

Ein Datenformat; Standard für die verlustbehaftete Datenkompression von digitalen Bildern beim Speichern in einer Digitalkamera oder beim Übertragen im Internet

Das JPEG-Verfahren zerlegt ein Bild in 8 x 8 Pixelblöcke und reduziert dabei die Farbinformation. Das Bild wird so in wichtige Bildkomponenten zerlegt. Die Kompression ist einstellbar. Je nach Stärke des Kompressionsgrades fehlen mehr oder weniger Bildinformationen. In Bildbearbeitungsprogrammen öffnet sich das JPEG-Format übrigens wieder mit der ehemals hohen Datenmenge, nur fehlen nun Informationen zu Farbe und Zeichnung. JPEG-Daten können nicht wieder voll hergestellt werden!

Kilobyte (KB)

= Maßeinheit für die Datenkapazität; 1 Kilobyte = 1024 Byte

Kontraste

Gegensätzliche Wirkung von Hell und Dunkel in einer Fotografie.

Dieses Licht/Schattenverhältnis ist ein wichtiges Bildgestaltungselement. Es sollte möglicht ausgeglichen sein. Schatten (Schwärzungen) sollten niemals ganz Schwarz (zugelaufen) und Lichter (hellsten Stellen) niemals ganz weiß (überstrahlt) sein. Kontraste können in Bildbearbeitungsprogrammen in gewissen Grenzen variiert werden

(Schwarz- und Weiß-Punkt, Mitteltöne mit
Hilfe des Histogramms setzen)

Kontrastumfang (auch Motivkontrast oder Objektumfang)

Verhältnis der Leuchtdichten zwischen den
hellsten (Lichter) und dunkelsten (Schatten)
Motivstellen; hängt von den Lichtverhältnissen und vom Reflexionsvermögen eines
Motivs ab

Für eine optimale Lichter- und Schatten-
zeichnung darf der Kontrastumfang nicht zu
hoch sein. Das menschliche Auge sieht
einen viel höheren Kontrastunterschied als
ein Bildhalbleiter bewältigen kann. Bei den
sogenannten Normalobjekten mit einem
Kontrastumfang von 1 : 32 oder 1 : 64
gibt es keine Probleme. Landschaften mit
viel Himmel, hellem Sonnenschein, Gegen-
licht- oder Winteraufnahmen sind hinsichtlich des Kontrastumfangs problematisch und
erfordern eine exakte Belichtungsmessung.

LCD

engl. Abkürzung für Liquid Crystal Display;
bezeichnet die neue Technologie der flachen Bildschirmmonitore
Dabei wird eine Folienschicht, in der sich
Flüssigkristalle befinden, mit weißem Licht
durchleuchtet. Das Licht wird, je nach elek-
trisch angeregter Ausrichtung der Kristalle
hindurch gelassen. Zur schnellen Überprüfung des Bildes sind Digitalkameras mit
kleinen LCD-Monitoren ausgerüstet..

Leitzahl (LZ)

Maß für die Blitzleistung; Kombination aus
Blende und möglicher Reichweite des
Blitzes; von der Empfindlichkeit des CCD-
Sensors abhängig
Das umständliche Berechnen der für die
Belichtung erforderlichen Blende übernimmt
heute die moderne TTL-Computerblitztech-
nik. Dadurch weiß man sehr schnell, wie
weit die vom Blitzgerät ausgesendete Lichtenergie bei einer Anfangsöffnung (Lichtstärke) eines Objektivs reicht.

Lichtstärke (Öffnungsverhältnis)

Teilt man die Brennweite eines Objektivs
durch dessen maximale Öffnung (effektive
Eintrittspupille EP), erhält man die Anfangsblende und damit die Lichtstärke dieses
Objektivs. Sie ist eine reine Rechengröße
und sagt nichts über die Qualität eines
Objektivs aus. Kleine Zahlen (z.B. 2,8)
weisen auf lichtstarke Objektive hin.

Megabyte (MB)

Maßeinheit für die Datenkapazität; 1 Me-
gabyte = 1024 KB = 1048576 Byte

Mehrfeldmessung

Eine Form der Belichtungsmessung; teilt das
Sucherbild in mehrere Segmente auf und
ermittelt für jedes dieser Segmente die
notwendigen Belichtungswerte

Die eigentlichen Belichtungsdaten richten
sich nun nach keiner festen Gewichtung.
Der Computer versucht vielmehr die zum
Motiv am besten passende Variante zu
ermitteln. Die Mehrfeldmessung führt häufiger als die Spot- oder mittelbetonte Inter-
gralmessung zu richtig belichteten Bildern.
Bei extremen Lichtsituationen hilft sie allerdings auch nicht weiter.

Messwertspeicher

Die gedrückte Messwertspeichertaste speichert einen gemessenen Belichtungswert
(Zeit/Blende-Paar) bis der Auslöser betätigt
wurde.

Diese Funktion ermöglicht es, das bildwichtige Motiv exakt anzumessen, den
richtigen Ausschnitt zu bestimmen und nun
mit dem gespeicherten Zeit/Blenden-Paar
zu belichten.

Moiré

Störmuster oder Alias-Frequenzen (Interfe-
renzmuster); entstehen durch Überlappung
von meist regelmäßigen Mustern und Struk-
turen; können auftreten, wenn Details nahe
an der Auflösungsgrenze des Bildsensors
liegen.

Moiré-Muster treten meist bei feinen Struktu-
ren mit hohen Kontrasten auf. In der bildmä-
ßigen Fotografie kommen sie selten vor.
Bei Testbildern dienen Moiré-Muster oft zur
Einschätzung des Auflösvermögens eines
Sensors.

Moiré-Muster in homogenen gerasterten
Flächen stellen beim Scannen von Bildvorla-
gen ein Problem dar. Sie müssen mit einem
Bildbearbeitungsfilter beseitigt werden.

Monitorkalibrierung

Monitore und die Grafikkarte müssen mit
zusätzlicher Hard- und Software auf eine
definierte Rot-, Grün- und Blau-Wiedergabe
geeicht werden.

Nur dann entspricht das Monitorbild den
wirklichen RGB-Farben der digitalen Bilddа-
ten. Monitore im professionellen Einsatz
müssen hardwaremäßig kalibrier bar sein,
da sonst Ton- und Farbwerte verloren
gehen.

Im Amateurbereich reicht die Erstellung
eines Monitorprofils (Adobe Gamma) oder
die Abmusterung (Vergleich von farbiger
Vorlage mit Monitorbild).

NTSC

engl. Abkürzung für National Television
System Commitee;
Farbfernsehnorm in den USA und Japan,
die noch mit 525 Zeilen arbeitet
Bei einer Bildwiedergabe an einem NTSC-
Fernseher muss NTSC an der Kamera
eingestellt werden.

PAL

engl. Abkürzung für Phase Alternation Line;
In Deutschland entwickelte und in vielen
anderen europäischen Ländern eingesetzte
Farbfernsehnorm mit 625 Zeilen und einer
automatischen, zeilenweisen Farbkorrektur.
Bei einer Bildwiedergabe an einem PAL-
Fernseher muss an der Kamera PAL einge-
stellt werden.

PDF

engl. Abkürzung für Portable Document
Format.
Ein von Adobe entwickeltes Datenformat für
den programm- und systemunabhängigen
Datenaustausch mit dem Adobe Acrobat

In Bildprogrammen können mit Adobe
Acrobat Distiller Bilddateien im PDF-Format
abgespeichert und mit dem Adobe Acrobat Reader geöffnet werden.

Pixel

engl. Abkürzung für Picture Element.
Kleinste quadratische Elemente eines digitalen Bildes; können formal einem Bildpunkt
gleichgesetzt werden.

Bei einer Datentiefe von einem Bit ist ein
Pixel schwarz oder weiß. Bei einer Datentiefe von 8 Bit sind genau 256 Graustufen
möglich. Bei einer Farbtiefe von 24 Bit sind
drei mal 256 Farbwerte für Rot, Grün und
Blau darstellbar.

ppi

engl. Abkürzung für pixel per inch = Punkte
pro Zoll.
Maßeinheit zur Angabe der Auflösung
eines digitalen Bildes

In Verbindung mit der Angabe von Höhe
und Breite oder des Formates (z.B. A4)
ergibt sich daraus die Größe eines digitalen Bildes. In Bildprogrammen kann man
hier auch metrische Einheiten wie Zentime-
ter oder Millimeter einstellen.

Programmautomatik (P)

Wählt für ein Motiv automatisch das
Zeit/Blende-Paar, das in der Mehrzahl der
Aufnahmesituationen zu gut belichteten
Bildern führt. Dieses Zeit/Blende-Paar lässt
sich durch die Shift-Funktion verändern und
der Motivsituation anpassen.

Für Fotografen, die sowohl mit der Blende als auch mit der Belichtungszeit individuell arbeiten wollen, ist die Programmautomatik ungeeignet.

Rauschen (oder Noise)

Unerwünschte und zufällige Störsignale; können insbesondere in homogenen Bildflächen durch von der Farbe oder Helligkeit abweichende Pixel sichtbar werden Bildhalbleiter erzeugen immer ein gewisses Maß an Grundrauschen. Es ist mit dem vom Film her bekannten Schleier vergleichbar. Man unterscheidet ein Helligkeitsrauschen, das alle drei Grundfarben beeinflusst oder ein Farbrauschen, dass sich auf eine dieser Farben auswirkt und so zu Farbverschiebungen oder zu einem Farbstich führen kann. Das Rauschen ist temperaturabhängig.

RAW-Format

engl. raw = roh
Hochwertige Digitalkamera können die vom Bildsensor gelieferten Bilder in einem kameraeigenen, unbearbeiteten und unkomprimierten Format abspeichern. Das ermöglicht später eine maximal mögliche Nachbearbeitung und Optimierung am Computer. Das Canon-spezifische RAW-Format (.CRW) lässt sich nur mit der Canon-Software öffnen und bearbeiten, kann dann aber in ein gängiges TIFF- oder JPEG-Format umgewandelt werden.

RGB

Rot-Grün-Blau; durch addidive Farbsynthese mit den Grundfarben Rot, Grün und Blau bauen digitale Kameras, Scanner und Monitore alle anderen Farben auf

Schärfentiefe

Beim Fotografieren wird der dreidimensionale Raum auf einer zweidimensionalen Fläche abgelichtet. Ein Objektiv kann dabei eigentlich nur auf eine Ebene im Raum scharfgestellt werden. Wenn jedoch durch Verkleinerung der Objektivöffnung der Lichtkegel immer spitzer wird, zieht sich diese Ebene auseinander, so dass ein größerer Raum scharf abgebildet werden kann. Die Größe der Objektivöffnung wird durch die Blende gesteuert. Wird sie geschlossen, nimmt der Bereich der Schärfe zu. Diesen Bereich bezeichnet man als Schärfentiefe. Die Schärfentiefe ist von der Brennweite, der Entfernung zum Motiv und der Sensorgröße abhängig. Die Schärfentiefe, die Arbeit mit Schärfe und Unschärfe sind wichtige Gestaltungsmitteln in der Fotografie.

Schlitzverschluss

Besteht aus zwei lichtdichten Metall-Lamellen, die nach dem Auslösen unmittelbar vor dem Bildsensor ablaufen. Je nach eingestellter Verschlusszeit bildet sich aus dem ersten Verschlussvorhang und dem nach einer bestimmten Verzögerung folgenden zweiten Verschlussvorhang ein Spalt, der den Bildsensor zeilenförmig belichtet. Diese Technik ermöglicht extrem kurze Verschlusszeiten. Nachteilig ist, dass es eine Verschlusszeitengrenze gibt, bei der der Verschluss noch vollständig geöffnet ist. Diese Belichtungszeit ist die kürzeste, die beim Einsatz von Blitzgeräten möglich ist (Synchronzeit).

Speicherkarten

Wechseldatenträger von digitalen Kameras.
Weit verbreitet sind die universellen CompactFlash-Karten (CF). Sie sind in zwei Varianten erhältlich: Die CF-Karte vom Typ I ist mit 42,8 x 36,4 x 3,3 mm etwas schlanker als die CF-Karte vom Typ II mit 42,8 x 36,4 x 5 mm. Das verfügbare Speichervolumen beläuft sich inzwischen auf bis zu 4 GB.

sphärische Aberration

Unschärfe zum Rand hin, die daraus resultiert, dass die in Objektiven eingesetzten Linsen meist einen kreisförmigen Schliff haben, der stark von der optischen Ideallinie abweicht. Damit ein scharfes Bild auf der ebenen Sensoroberfläche entsteht, müsste der Schliff einer Sammellinse parabolisch sein. Linsen mit einem Kreisbogen lassen sich aber weitaus günstiger herstellen als solche mit parabolischem Schliff.

Sphärische Aberrationen können durch aufwendige Konstruktionen und Linsenkombinationen eingeschränkt werden. Oft hilft schon ein Abblenden des Objektivs.

Spiegelreflexkamera

SLR = Single Lens Reflex;
Das Licht des Objektivs wird über einen Spiegel auf eine Mattscheibe geworfen, die mit einem Sucher direkt und parallaxefrei beobachtet werden kann. Durch das Hochklappen des Spiegels und das Ablaufen des Verschlusses wird der CCD-Sensor belichtet.

Spotmessung (Punktmessung, Selektivmessung)

Belichtungsmessung in einer eng begrenzten Messfläche; aufwändige, aber zur exakten Bestimmung der Belichtung eines Motivs sehr effektive Messmethode; dient auch zur Ausmessung der Kontraste in einem Motiv – daraus können Rückschlüsse auf den Kontrastumfang und die notwendige Belichtung gezogen werden

Synchronisation

Die Zeit, in der der Verschluss einer Kamera das Bildfeld vollständig frei gibt. Der in den SLR-Kameras eingebaute Schlitzverschluss ermöglicht zwar extrem kurze Verschlusszeiten.

Die Verschlusslamellen geben das Bildfeld bei sehr kurzen Zeiten aber nicht vollständig frei, so dass ein Spalt über das Bildfeld läuft, der durch die Metalllamellen gebildet wird.

Die Synchronzeit ist die kürzeste realisierbare Zeit, in der der Verschluss vollständig geöffnet ist.

Systemkompatible Elektronenblitzgeräte stellen sich automatisch auf diese Zeit um. Kürzere Zeiten sind dann nicht mehr möglich.

TIFF (.tif)

engl. Abkürzung für Tagged image file format.
Das zum Abspeichern digitaler Bilder mit Graustufen oder in Farbe als Bitmap-Daten am weitesten verbreitete Datenformat; Bilder können in hoher Qualität, ohne, abe auch mit verlustfreier Kompression gespeichert werden

TTL-Messung

TTL = Through The Lens
Die Kamera misst nur das durch das Objektiv einfallende Licht und beugt damit Fehlmessungen vor.

Thumbnails

= verkleinerte Vorschaubilder von Bild- und Grafik-Dateien; ermöglichen eine schnelle Übersicht, ohne die großen Datenmengen vollständig zu öffnen.

Twain-Treiber

engl. Abkürzung für Technology without an intersting name.
Universelle, von vielen Unternehmen entwickelte und standardisierte Softwareschnittstelle, die unabhängig vom Hersteller eine schnelle Einbindung von Digitalkameras und Scannern in die Computer-Software ermöglicht.

Unscharfmaskierung

Ein Begriff aus der analogen Fotografie: Ein unscharf erscheinendes Negativ soll durch Hinterlegen eines unterbelichteten und unscharfen Positivs beim Kopieren visuell im Positiv schärfer erscheinen.

In der digitalen Fotografie müssen Aufnahmen häufig nachgeschärft werden. Das geschieht mit digitalen Filtern, wobei der Filter „Unscharfmaskieren" alle Optionen zur Einstellung zulässt.

USB

engl. Abkürzung für Universal Serial Bus. Serielle Schnittstelle für den Anschluss von

Digitalkamera, Scanner oder Drucker an
den Computer

Die meisten Digitalkameras sind mit einer
USB-Schnittstelle nach dem Standard 1.1
für den Datenaustausch mit dem Computer
ausgerüstet. Die Übertragung der Daten
erfolgt mit einer Geschwindigkeit von 1,5
MB in der Sekunde begrenzt (Lowspeed).
Bei USB 2.0-Anschlüssen werden 12 MB
pro Sekunde (Fullspeed) übertragen.

Verzeichnung (Distorsion)
Ein typischer Bildfehler; zeigt sich in der
Krümmung von eigentlich geraden Linien im
Motiv. Je nach Anordnung der Blende
unterscheidet man die kissen- oder tonnen-
förmige Verzeichnung. Eine Minderung
erfordert optisch hochwertige Objektive.
Abblenden hilft hier nicht. Aufnahmen von
extremen Weitwinkelobjektiven (Fisheyes)
leben von einer extremen Verzeichnung.

Vignettierung
Randabschattung von Objektiven; zeigt
sich vor allem an Bildrändern, in homogenen Flächen, die zum Rand hin dunkler
werden. Ein Abblenden des Objektivs
vermeidet diesen Helligkeitsabfall.

Weißabgleich
Korrigiert die durch die Farbtemperatur des
Aufnahmelichts verursachten Farbverschiebungen; Kameras bieten automatischen
oder manuellen Weißabgleich an. Der
automatische Weißabgleich erfüllt nicht in
jeder Situation seinen Zweck, dann bietet
sich der manuelle, konkret auf eine spezielle Lichtstimmung ausgerichtete Weißabgleich an

Zeitautomatik (Av)
Dient meist zur Steuerung der Schärfentiefe;
der Fotograf gibt individuell eine bestimmte
Blende vor, die Kameraautomatik sucht
dazu die passende Belichtungszeit.

Sachwortverzeichnis

DIE BLAUE REIHE von vfv – Bestseller zur digitalen Fotografie – 4 von vielen Titeln

Kompetente Autoren, übersichtlich gegliedert, straff formuliert, Tabellen, Hervorhebungen, Marginalien, didaktischer Aufbau. Hochwertiges Papier, durchgehend farbig illustriert. Umfang ca. 144 Seiten, ca. 150 Abbildungen, Pb., Format 13 x 20 cm.
Kompaktes Wissen im Taschenbuchformat.